MANFRED MAI | MARTIN LENZ

Was für ein Glück - mir send Schwoba

MANFRED MAI | MARTIN LENZ

Was für ein Glück – mir send Schwoba

MIT ILLUSTRATIONEN VON MIRCO TOMICEK

GMEINER

Besuchen Sie uns im Internet:
www.gmeiner-verlag.de

Im Ehnried 5, 88605 Meßkirch
Telefon 07575/2095-0
info@gmeiner-verlag.de

1. Auflage 2019

Lektorat/Redaktion: Anja Sandmann
Umschlaggestaltung, Layout, Herstellung: Susanne Lutz
unter Verwendung der Illustrationen von © Mirco Tomicek
Druck: CPI books GmbH, Leck
Printed in Germany
ISBN: 978-3-8392-2503-5

Inhalt

M.ToMicek

Wo liegt das Schwabenland?

»Was ist des Deutschen Vaterland?
Ist's Preußenland, ist's Schwabenland …
Ist's Bayernland, ist's Steierland?«

fragte Ernst Moritz Arndt vor zweihundert Jahren in einem Gedicht, das später vertont und zu einem bekannten Volkslied wurde. Damals gab es noch kein Deutschland, wie wir es heute kennen, sondern viele deutsche Länder; eines davon nannte der Dichter Schwabenland. Was genau er damit meinte, wissen wir nicht. Denn ein klar umgrenztes Gebiet »Schwaben« gab es zum letzten Mal vor etwa 750 Jahren: das Herzogtum Schwaben. Dazu gehörten die südlichen Teile des Elsass und Badens, die heutige Ostschweiz sowie das östliche Bayern von Füssen über Augsburg bis hoch nach Nördlingen. Im Zentrum lagen der mittlere Neckarraum um Stuttgart und Oberschwaben.

Die meisten der in diesem Herzogtum lebenden Menschen waren nun wirklich keine Schwaben. Aber vermutlich war ihnen völlig egal, wie das Gebiet hieß, in dem sie lebten – wenn sie es überhaupt erfuhren. Denn sie hatten Wichtigeres zu tun, als sich mit solchen Fragen zu beschäftigen.

Auch die Kaiser und Könige nahmen es damals mit den landsmannschaftlichen Bezeichnungen nicht so genau. Für viele waren die Gebiete südlich von Stuttgart »Schwaben«. Punkt!

Doch so einfach war und ist es nicht, und so einfach wollen wir es uns auch nicht machen. Fangen wir also noch mal vorne an.

Wer heute wissen will, wo Schwaben bzw. das Schwabenland liegt, geht ins Internet und googelt. Da heißt es bei Wikipedia unter anderem: »Der Umfang Schwabens ist heute diffus und territorial nicht fassbar.«

So, so, diffus.

Wenn man weiter liest, wird es immer diffuser und weniger fassbar. Da kommen dann so viele Informationen, dass oim bald dr Schädel brommt. Und überraschenderweise ist erst einmal ausführlich vom »Regierungsbezirk Schwaben in Bayern« die Rede.

»Hä?«, entfährt es da manchem verwundert. »Bayern sind doch keine Schwaben.«

Eben doch – jedenfalls manche. Wie oben beschrieben ist das noch ein Überbleibsel aus der Zeit des Herzogtums Schwaben. Wer Augsburg, Kempten, Oberstdorf oder Memmingen besucht und dort die Ohren spitzt, kann von den Einheimischen ein wunderbares Schwäbisch hören. Viele Menschen in dieser Region fühlen und bezeichnen sich auch nicht als Bayern, sondern als Schwaben. Ganz anders ist das bei den Menschen im westlichen Teil unseres Bindestrichlandes. Wird ein Badener für einen Schwaben gehalten und so genannt, ist er tief beleidigt: »I bi kei Schwob, i bi Badner!«

Dass die Elsässer und Ostschweizer das Schwabensein ebenso weit von sich weisen, muss wohl nicht besonders betont werden. Und die Schwaben weinen all den Abtrünnigen keine Träne nach. Denn wenn dia's Maul aufmachet, kommt älles raus, bloß koi Schwäbisch.

So ist also nicht viel übrig geblieben von dem einst mächtigen Herzogtum Schwaben. Dafür entstand im Lauf der Jahrhunderte das Herzogtum Württemberg, aus dem der Franzose Napoleon dann 1806 ein deutlich größeres Königreich machte (wie und warum, das ist hier nicht so wichtig). Dessen Grenzen blieben im Wesentlichen unverändert, bis die Siegermächte nach dem Zweiten Weltkrieg in Deutschland das Sagen hatten. Die interessierte nicht, dass Badener und Schwaben sich nicht mochten. Sie teilten das Land in Besatzungszonen auf, machten aus dem deutschen Südwesten kurzerhand die amerikanische Zone »Württemberg-Baden« und die französische Zone mit »Südbaden« und »Württemberg-Hohenzollern«.

Aus diesen drei Gebilden wurden bald selbstständige Länder. Das blieben sie bis zur Gründung der Bundesrepublik Deutschland am 23. Mai 1949. Die Südbadener wären es – vereint mit ihren nordbadischen Schwestern und Brüdern – am liebsten für immer und ewig geblieben. Doch fortan gab es Bestrebungen, aus den drei kleinen Ländern einen großen Südweststaat zu machen. Obwohl sich die »Altbadener« mit ihrem Staatspräsidenten Leo Wohleb an der Spitze mit allen Mitteln dagegen wehrten, kam es am 9. Dezember 1951 zu einer Volksabstimmung. Dabei zeigte sich, dass – abgesehen von Südbaden – die große Mehrheit einen Zusammenschluss wollte. Nachdem diese Hürde genommen war, stellte sich natürlich die Frage, wie das neue Bundesland heißen sollte.

Anfangs war »Schwaben« der Favorit; bei einer Probeabstimmung im neuen Landtag erhielt es die meisten Stimmen. Das war für die badischen Vereinigungsgegner des Schlechten dann doch zu viel. Sie drohten damit, den Zusammenschluss vor dem Bundesverfassungsgericht anzufechten, weil sie bei der Volksabstimmung von den Schwaben über den Tisch gezogen worden seien.

Um sie milde zu stimmen, verzichtete die Mehrheit auf »Schwaben« und machte ein paar Kompromissvorschläge: Schwabaden, Alemannien, Staufen, Hohenzollern und Wübahoz als Abkürzung für Württemberg, Baden und Hohenzollern.

Man stelle sich mal vor, unser schönes Bundesland hieße wirklich Schwabaden oder Wübahoz! Ha, des wär jo glatt o Grond zom Auswandra.

Weil niemandem etwas Besseres einfiel, einigten sich die Verantwortlichen schließlich auf den nicht gerade originellen Bindestrich-Namen. Und damit die Badener zufrieden waren, wurden sie vorangestellt. Doch die Harten unter ihnen gaben den Kampf deswegen noch lange nicht auf. Sie wollten nach wie vor ein eigenes Bundesland und verlangten, dass noch einmal das Volk befragt werden sollte – aber nur in Baden! Nach jahrelangem juristischem Hickhack fand die Befragung schließlich am 7. Juni 1970 statt. Aber da hatten die meisten Badener längst gemerkt, dass es für sie von Vorteil ist, mit den Württembergern in einem Bundesland zu leben – ob sie die nun mochten oder nicht. 81,9 Prozent Zustimmung waren für die »Altbadener« eine schallende Ohrfeige. Damit war die badische Sache endgültig vom Tisch.

Viele Menschen in den nördlichen Bundesländern hatten das alles – wenn überhaupt – nur kopfschüttelnd beobachtet. Ihnen war und ist in Süddeutschland manches ohnehin zu kompliziert. Für sie sind alle Bewohner südlich des Mains Bayern oder Schwaben, die sie weder sprachlich noch verhaltensmäßig verstehen. Sie nennen Baden-Württemberg aus Unkenntnis und/oder Bequemlichkeit einfach Schwabenland. Womit wir wieder fast am Anfang wären: »Der Umfang Schwabens ist heute diffus und territorial nicht fassbar.«

’s Schwobaland

Vom Bodasee bis nauf zur Tauber
gibt’s no viel Natur.
Ond en da Höhla uf dr Alb
liegt d’ Wiege der Kultur.

Net weit weg schtoht seit Johrhondert,
dr högschte Kirchturm dr Welt.
In Ulm, um Ulm und um Ulm herum,
send Plätz, wo es jedem gfällt.

’s Schwobaland isch so schee,
dass ma davo träumt.
Wer no net bei ons war,
hot ganz viel versäumt,
hot ganz viel versäumt.

Omrahmt von Wiesa, Wald ond Felsa -
a Bild wia gmolt - genial -
zieht a Fluss wildromantisch
durchs bunte Donautal.

Hohazoller, Hohaschtaufa,
solche Berg hend mir no mehr.
Wer en dene Höha wandert,
isch am Hemmel näher.

’s Schwobaland isch so schee,
dass ma davo träumt.
Wer no net bei ons war,
hot ganz viel versäumt,
hot ganz viel versäumt.

Ond wem d’ Großschdadt liaber isch,
der fährt noch Schtuttgart nei.
Dort goht ma iber d’ Königschtroß,
no isch ma voll drbei.

’s Schwobaland isch so schee,
dass ma davo träumt.
Wer no net bei ons war,
hot ganz viel versäumt,
hot ganz viel versäumt.

Von Schwäbinnen und Schwaben

Eines gleich vorweg: *Den* Schwaben und *die* Schwäbin gibt es nicht. Auch nicht die schwäbische Hausfrau, von der Bundeskanzlerin Angela Merkel nach der internationalen Banken- und Finanzkrise so anerkennend gesprochen hat: »Man hätte einfach nur eine schwäbische Hausfrau fragen sollen. Sie hätte uns eine ebenso kurze wie richtige Lebensweisheit gesagt, die da lautet: Man kann nicht auf Dauer über seine Verhältnisse leben.« Damit wurde die schwäbische Hausfrau zum Synonym für Sparsamkeit.

»Schwäbische Hausfrau?«, fragten die Menschen weltweit. Was soll denn das für ein Wesen sein? Sie konnten weder mit dem Wort »schwäbisch« noch mit »Hausfrau« etwas anfangen.

Ein sehr bekanntes und renommiertes Wirtschaftsmagazin, »The Economist«, erklärte seinen Lesern in rund 200 Ländern, was sie über »the Swabian housewife« wissen sollten.

Sie lebe im reichen Südwesten Deutschlands, in dem Bundesland Baden-Württemberg, dessen Bewohner bekannt seien für ihre »Swabian Raviolis« und ihren sonderbaren Dialekt, in dem immer das Diminutiv-Suffix »le« den Substantiven angehängt werde. Die Schwaben seien noch sparsamer als die Schotten, hassten Schulden und suchten immer »the best deal«. Deswegen würden sie jeden Euro dreimal umdrehen, bevor sie ihn dann doch nicht ausgeben. Schulden machen und haben sei in »Swabia« nämlich fast eine Sünde. Anders als im angelsächsischen Sprachgebrauch seien Schulden (»debt«) und Schuld (»guilt«) im Schwäbischen so gut wie gleichbedeutend. »Schulden« komme dort halt von »Schuld«. Das wiederum habe mit der Religion in »Swabia« zu tun, dem Pietismus. Der verlange von den Menschen, fromm, bescheiden und fleißig zu sein. Wer das nicht befolge und »sein Sach nicht zusammenhalte«, sei eben selbst schuld, wenn es ihm schlecht gehe. Wer dagegen die schwäbischen Tugenden lebe und erfolgreich sei, protze nicht mit seinem Reichtum, sondern sei »secretly rich«, also »hälinga reich«. Dass viele Schwaben diesen erstrebenswerten Zustand erreichen, dafür sorge »the Swabian housewife«. Sie achte nicht nur darauf, dass in der Familie nicht mehr Geld ausgegeben als eingenommen werde; mehr noch, durch ihr sparsames Wirtschaften werde es sogar möglich, etwas »auf die Seite zu legen« und mit der Zeit eben »secretly rich« zu werden.

So weit also »The Economist«. Dass er unsere Maultaschen »Swabian Raviolis« nennt, disqualifiziert den Verfasser eigentlich schon. Denn die köstlichen Maultaschen, die eine schwäbische Hausfrau mit den richtigen Zutaten und vor allem mit Liebe zubereitet, haben mit den üblichen Raviolis so viel gemeinsam wie ein Mercedes mit einem Fiat. Und die Behauptung, wir Schwaben hätten einen sonderbaren Dialekt und würden an jedes Substantiv ein »le« anhängen, macht deutlich, dass der Kerle koi Schwobakenner ischt, sondern Vorurteile und Klischees verbreitet – wie das die meisten Ausländer (das sind alle Nichtschwaben, egal wo sie leben) tun, die über Schwaben schreiben.

Aber … und jetzt kommt ein Aber: Mit den Klischees ist es so eine Sache; meischtens ischt a bissle ebbes dra, das müssen selbst die eingeborenen Schwaben zugeben.

Zu den bekanntesten Klischees gehört, dass Schwaben besonders fleißig und sparsam sind.

»Ond was soll do dra schleacht sei?«, fragt der Schwabe kopfschüttelnd.

Für beides gibt es gute historische Gründe. Große Teile des Schwabenlandes waren früher sehr arm. Die Landwirtschaft warf nicht genügend ab, um alle Mäuler zu stopfen. Also mussten die Leute noch nebenher etwas arbeiten, um ein paar Pfennige dazuzuverdienen. Und sie mussten besonders sparsam sein, sonst hätte es hinten und vorne nicht gereicht.

Mit der beginnenden Industrialisierung hat sich das Arbeitsleben dann grundlegend verändert. Viele Bauern gingen in die Fabriken und betrieben ihre Höfe nur noch als Nebenerwerb – zwei Drittel der schwäbischen Bauern tun das heute noch.

Fleiß und Sparsamkeit waren also für Schwaben lange Zeit überlebenswichtig und wurden von einer Generation auf die nächste sozusagen vererbt. Damit liegen sie tief in den schwäbischen Genen. Ein richtiger Schwabe kann deshalb gar nicht faulenzen und verschwenderisch sein, selbst wenn er es sich leisten könnte. Wer mehr Geld auf dem Konto hat, als er braucht, freut sich daran. Aber das ist noch lange kein Grund, es auszugeben. Denn: Was ma hergibt, hot ma nemme.

Von all dem haben die Ausländer, die sich über diese schwäbischen Grundtugenden lustig machen, natürlich keine Ahnung. Das gilt auch für den Schlagersänger Ralf Bendix, der in den 1960er Jahren daran schuld war, dass in der halben Welt folgender Ausspruch über die Schwaben zu hören war: »Schaffe, schaffe, Häusle baue!« In dem Schlager singt er von einer Mathilde, die ihrem Mann nicht die kleinste Freude gönnt und ihn immerzu zum »Schaffe« anhält. Und auch wenn das »Häusle« steht, muss weiter geschuftet und gespart werden, »für 'ne Ziege und 'ne Kuh«.

Ralf Bendix war Ruhrgebietler und hieß bürgerlich Karl Heinz Schwab. Ha, so ebbes! Hoißt der Kerle ausgerechnet Schwab! Ma sott's ed glauba.

Vielleicht tat er deshalb so, als singe er schwäbisch. Dass i net lach! So ein verhunztes Schwäbisch gehört verboten! »'ne Ziege« gibt's em Schwäbischa gar net, des ischt a Goiß. Ond »'ne Kuh« ischt a Kuah. »für 'ne Ziege und 'ne Kuh« haben die Schwaben in dem Schlager doch nur gespart, damit es sich reimt.

In Wirklichkeit ging es um ganz andere Dinge: Zuerst einmal musste möglichst schnell das Haus abbezahlt werden, denn Schulden … siehe oben! Was dann noch übrig war, sparte man nicht »für 'ne Ziege und 'ne Kuh«, sondern für ein Auto. Weil's in den 1960er Jahren bei den meisten noch nicht für einen Mercedes reichte, entschied man sich schweren Herzens halt fir an billigera Karra.

Und zu dem viel zitierten »Schaffe, schaffe, Häusle baue« sei hier noch Folgendes angemerkt: Schon damals gab es – und gibt es noch heute – im Saarland und in Rheinland-Pfalz mehr Eigenheimbesitzer als im Schwabenland. Doch das wird einfach übersehen, denn die Menschen dort gelten als konsum- und genussfreudig. Da passt es nicht, sie fleißig und sparsam zu nennen und sich in Wort und Lied über sie lustig zu machen. Das tun die Ausländer lieber über uns Schwaben.

»Warum ist das so?«, fragt man sich. Eine rationale Erklärung gibt es nicht. Deshalb liegt der Verdacht nahe, dass Neid im Spiel ist. Denn ob's den andern passt oder nicht, viele Schwaben waren und sind halt sehr erfolgreich.

Lassen wir zum Schluss noch einen wirklichen Schwabenkenner zu Wort kommen: Thaddäus Troll. Er schrieb in seinem wunderbaren Buch »Deutschland deine Schwaben« schon vor mehr als fünfzig Jahren: »Der schwäbische Erwerbssinn, verbunden mit beharrlichem Fleiß, der Hang zur Unabhängigkeit und die Fähigkeit, sich in ein Problem zu verbeißen, es von allen Seiten anzupacken, der Drang zum Sinnieren und Tüfteln, die gute Schulbildung, die Tradition feinmechanischer Genauigkeit, die pietistische Verpflichtung zur Zuverlässigkeit und Gediegenheit haben den Schwaben zum Erfinder und Unternehmer prädestiniert.«

So isch!

M.Tomicek

Wir können alles. Außer Hochdeutsch

Dieser berühmte Slogan aus dem Jahr 1999, der bis heute oft zitiert wird, ist ein Widerspruch in sich. Wenn wir kein Hochdeutsch könnten, hätte er ja so lauten müssen: Mir kennet älles. Bloß net Haudeitsch.

Wer hat sich den Spruch damals denn ausgedacht? Einmal kurz gegoogelt: die Werbeagentur »Scholz & Friends« mit Sitz in Hamburg, Berlin und Düsseldorf.

Ha, koi Wonder! Nadirlich Ausländer!

Auf so einen Spruch wäre kein Einheimischer gekommen. Denn die meisten von uns gehen davon aus, dass sie auch Hochdeutsch können – wenn's obedengt sei muaß. So wie jene Lehrerin in Biberach, die zur Schulleiterin befördert wurde. Als ein Mitarbeiter der »Schwäbischen Zeitung« sie beim Interview fragte, wie sie denn im Unterricht mit den Kindern spreche, antwortete sie: »Ha, so wia jetz mit Ehna, hochdeitsch nadirlich.«

Ganz unrecht hatte sie damit gar nicht. Denn Schwäbisch gehört zu den hochdeutschen Dialekten. Und wer meint, Hochdeutsch sei das Gegenteil von Dialekt, irrt sich gewaltig. Sprachgeschichtlich gesehen meint Hochdeutsch nämlich nichts anderes als die Mundarten, die in den höher gelegenen Regionen des mittleren und südlichen deutschen Sprachraums gesprochen wurden. Die Mundarten im tiefer gelegenen Norden nannte man dagegen Niederdeutsch. Aus den Mundarten des hochdeutschen Sprachraums entwickelte sich in den vergangenen 500 Jahren die sogenannte Standardsprache, auch Schriftsprache genannt. Die wurde verwendet, wenn jemand über seinen mundartlichen Sprachraum hinaus verstanden werden wollte. Das waren zum Beispiel die Dichter. Aber selbst die beiden Größten,

Goethe und Schiller, redeten im Alltag, wie ihnen der Schnabel gewachsen war. Und manchmal schimmert ihr Dialekt sogar in ihren Werken durch.

In Goethes »Faust« heißt es zum Beispiel: »Ach neige, du Schmerzenreiche«. Das reimt sich nur, wenn »neige« hessisch ausgesprochen wird, nämlich: »neiche«. Und Schiller reimt Finger auf Sänger. Schriftdeutsch ist das mehr als ein unreiner Reim. Schwäbisch reimt sich »Fenger« aber wunderbar auf »Senger«. Bei Schiller findet man auch »springen«, wenn er »laufen« meint, und »heben« statt »halten«.

Zu jener Zeit lebten die Mundarten und die Standardsprache also selbstverständlich nebeneinander. Der Begriff Hochdeutsch war ursprünglich auch nicht so gemeint, als handle es sich dabei im Verhältnis zu den Mundarten um das höherstehende, bessere, richtige Deutsch. Diese Sichtweise stammt aus jüngerer Zeit – und wurde ausgerechnet von Leuten verbreitet, deren Dialekte gar nicht zum hochdeutschen Sprachraum gehören!

Viele Norddeutsche, besonders aus dem Großraum Hannover, bilden sich ein, sie würden auch im Alltag das reinste Hochdeutsch sprechen.

Dass i net lach!

Ich erinnere mich an eine Lehrerin, die aus jener Gegend zu uns auf die Schwäbische Alb kam. Sie begrüßte uns mit »Guttn Tach!«. Nach einigen Tagen begriffen wir, was das heißen sollte. Nie vorher und nie nachher habe ich im Diktat so viele Fehler gemacht wie bei ihr. Wenn sie mit ihrer strengen Stimme zum Beispiel den Satz diktierte: »Ein Pferd zog einen Pflug.«, dann hörte sich das so an: »Ein Fead zoch einen Fluch.« Ich habe es genau so geschrieben – mit schlimmen Folgen. Bei dieser Lehrerin war mein Heft überflutet mit roter Tinte. Zu Hause wurde ich deswegen kräftig geschimpft. Dabei war nicht ich, sondern die Lehrerin mit ihrer unsäglichen, zu allem Übel auch noch sehr feuchten Aussprache Schuld an den vielen Fehlern.

Den Slogan »Wir können alles. Außer Hochdeutsch.« könnten also auch andere Regionen verwenden. Denn Hochdeutsch im Sinne von Schriftdeutsch wird nirgendwo gesprochen – am nächsten kommen ihm die Sprecherinnen und Sprecher der Nachrichtensendungen. Im Alltag sind überall mundartliche Färbungen zu hören, im Norden Deutschlands weniger, im Süden mehr. Aber das ist kein Grund, aus dem Norden mit Fingern auf uns zu zeigen. Denn Dialekte sind kein falsches oder schlechtes Hochdeutsch, sondern natürlich gewachsene Sprachen, während das sogenannte Hochdeutsch ein Kunstprodukt ist.

Wir Schwaben können locker zwischen Dialekt und Standardsprache variieren. Wie wir reden, hängt vom jeweiligen Gesprächspartner und der Situation ab. Sind wir in zwangloser Runde unter Einheimischen, schwätzet mir so, wia en onserm Flegga gschwätzt wuird. Auf Geschäftsreise oder im Urlaub schbrechen wir schiergar nach dr Schrift. Und dazwischen gibt es mehrere Abstufungen – wobei unser Gegenüber immer hören darf, wo wir herkommen. Damit haben wir nämlich kein Problem mehr. Im Gegenteil, mir send sogar a bissle schtolz druf, Schwoba zu sei.

Und dass es dafür gute Gründe gibt, sagt ja die erste Hälfte des Slogans: »Wir können alles.« Nun gut, das ist zugegebenermaßen etwas übertrieben; wir können sicher nicht alles, aber doch eine ganze Menge. Darüber später mehr.

Jetzt noch mal zu dem ganzen Slogan: Bei seiner Einführung im Jahr 1999 erntete er alles andere als Applaus. Viele Bürger fühlten sich verulkt, die Opposition im Landtag schimpfte über die »Verschwendung von Steuergeldern« und forderte das Ende der Kampagne – bis positive Reaktionen von außen kamen. Die gibt es auch noch nach zwanzig Jahren. Eine Umfrage der Universität Hohenheim hat ergeben, dass fast 70 Prozent der Befragten den Slogan kennen. Und 54,4 Prozent finden ihn gut oder sehr gut. Kein Werbespruch eines deutschen Bundeslands ist heute auch nur annähernd so bekannt und beliebt wie der aus Baden-Württemberg.

Zum Schluss noch ein pikantes Detail: Die Idee wurde ursprünglich der Regierung in Sachsen angeboten. Doch die lehnte den Slogan als ungeeignet für ihr Land ab. Zum Glück für uns.

Tja, Chancen sehen und ergreifen, gehört eben auch zu »Wir können alles.«

Schwäbisch basst

Mir kennet Porsche baua, Fischer-Dübel,
hend d' Motorsäg vom Stihl.
Dr Zeppelin ond Daimler Benz
brengt ons an jedes Ziel.

Mir hend Kärcher, Bosch ond UHU,
von Steiff da Teddybär.
Bloß oi Problem, des hem mir halt,
Hochdeutsch, des fällt ons schwer.

Doch des macht ons gar nix aus,
mir schwätzet schwäbisch gern.
Mir machet liaber anders Zeig,
bevor mr Hochdeutsch lern'.
Schwäbisch basst so guat zu ons,
mir send halt Schwoba,
ganz egal was andre saget,
mit Hochdeutsch müssdet mir ons ploga.

Mir hend Tipp-Kick, BH, d' Schbätzlepress,
was will ma denn no mehr.
Bloß oi Problem, des hem mir halt,
Hochdeutsch, des fällt ons schwer.

Doch des macht ons gar nix aus,
mir schwätzet schwäbisch gern.
Mir machet liaber anders Zeig,
bevor mr Hochdeutsch lern'.
Schwäbisch basst so guat zu ons,
mir send halt Schwoba,
ganz egal was andre saget,
mit Hochdeutsch müssdet mir ons ploga.

M.ToMicek

Die Wiege der Kultur

»Mir brauchet koi Kunscht, mir brauchet Grumbiere!« Diesen legendären Satz rief der württembergische Landtagsabgeordnete Damian Mosthaf im Jahr 1827 dem König entgegen und brachte damit die Stimmung im Land auf den berühmten Punkt. Schließlich herrschten Armut, Wohnungsnot und Hunger. Da gab es aus der Sicht von Mosthaf Wichtigeres, als für viel Geld eine Sammlung altdeutscher und niederländischer Maler zu kaufen. Weil auch die Mehrheit der Abgeordneten seine Sichtweise teilten, sind die Kunstwerke damals in München gelandet (und dort bis heute in der Alten Pinakothek zu bewundern), denn der bayerische König griff gern zu.

Ob mir Kunscht oder Grumbiere brauchet, ist eine alte, aber auch immer wieder neue Diskussion. Dabei steht schon in der Bibel: »Der Mensch lebt nicht vom Brot allein.«

Das beherzigten bereits unsere ältesten Vorfahren, die in dieser Frage weiter waren als der Abgeordnete Mosthaf.

Wie ich dazu komme, so etwas zu behaupten? Ganz einfach, weil in Höhlen auf der Schwäbischen Alb Kunstwerke gefunden wurden, die bis zu 40.000 Jahre alt sind. Die Bewohner dieser Höhlen kann man ja wohl als Schwaben bezeichnen, auch wenn sie ursprünglich aus Afrika kamen und noch ziemlich anders ausgesehen haben als wir. Wie sie gesprochen haben, weiß niemand, denn es gibt leider keine Tondokumente aus jener fernen Zeit. Aber wir können davon ausgehen, dass sie mitanander gschwätzt hend. Denn wie sonst hätten sie regeln sollen, wer fürs Feuermachen zuständig ist, wer Fleisch besorgt und wer es wie zubereitet, wer den Müll rausbringen muss und wer Kehrwoche hat?

Das mag idyllischer klingen, als es damals war. Für die ersten Schwaben ging es jeden Tag ums Überleben. Die letzte Eiszeit verabschiedete sich mit der sogenannten »Würm-Kaltzeit« langsam aus unseren Breitengraden. Wenn böse Zungen heute von Schwäbisch-Sibirien sprechen, hätten die mal die »Würm-Kaltzeit« erleben sollen. Dann wüssten sie, wie es sich anfühlt, wenn es wirklich kalt ist.

Neben der Kälte machten unseren Vorfahren auch gefährliche Tiere zu schaffen. Unter anderem trieben sich noch Säbelzahntiger, Höhlenlöwen, Wölfe, Bären und Mammuts im späteren Schwabenland herum. Von Idylle konnte also keine Rede sein. Und doch, irgendwann müssen unsere Vorfahren nicht mehr alle Zeit und Kraft für die täglichen Arbeiten gebraucht haben; jedenfalls entwickelten sie einen Sinn für schöne Dinge. Wenn sie abends ums Feuer saßen, schnitzten einige an Knochen und Elfenbein herum. Was sie dabei zustande brachten, finden Archäologen mit Spürnasen, Fleiß und viel Glück manchmal bei Ausgrabungen.

Lange Zeit hielt man die etwa 20.000 Jahre alten Malereien in zahlreichen Höhlen Europas, zum Beispiel die Bilder von Lascaux in Frankreich und Altamira in Spanien, für die ältesten Kunstwerke der Menschheit. Doch weit gefehlt! Was auf der Schwäbischen Alb gefunden wurde, ist doppelt so alt. Und am Anfang stand wie so oft ein Zufall.

Am 23. Mai 1931 entdeckte der Heidenheimer Heimatforscher Hermann Mohn im Aushub vor einem Dachsbau am Vogelherd bei Niederstotzingen mehrere ungewöhnliche, sehr scharfkantige Steine. Weil er nicht wusste, was er davon halten sollte, nahm er sie mit und brachte sie dem Prähistoriker Gustav Riek. Der erkannte, dass es sich um Feuersteine aus längst vergangenen Zeiten handelte. Unter seiner Leitung begannen bald die Ausgrabungen, bei denen der Eingang zur Vogelherdhöhle freigelegt wurde. Darin machten die Archäologen unter anderem einen sensationellen Fund: ein aus dem Elfenbein eines Mammutstoßzahnes geschnitztes kleines Wildpferd. Am Kopf waren sogar Augen, Ohren, Nüstern und Maul herausgearbeitet. Das Alter des Wildpferdes schätzten Wissenschaftler auf etwa 32.000 Jahre. So etwas hatte die Welt noch nicht gesehen. Bis dahin hatte man bei Ausgrabungen an anderen Orten zwar schon Gebrauchsgegenstände gefunden, aber noch nie so ein filigran gearbeitetes Kunstwerk.

Und das war noch nicht alles: Knapp drei Kilometer entfernt wurden 1939 in der Hohlensteinhöhle Teile einer Skulptur gefunden, die auf ein Tier und auf einen Menschen hindeuten. Dieser rätselhafte Fund ließ den Archäologen keine Ruhe, doch es dauerte siebzig Jahre, bis weitere Funde zeigten, worum es sich handelt: ein aufrecht stehendes Wesen mit Löwenkopf und Menschenkörper. Dieser Löwenmensch ist zwischen 35.000 und 40.000 Jahre alt und damit die älteste Darstellung eines Fabelwesens weltweit.

Und das war noch immer nicht alles: Glei bei Blaubeura wurde 2008 im »Hohlen Fels« eine Figur gefunden, die unzweifelhaft eine Frau darstellt. Zwar hat sie keinen Kopf und nur sehr kurze Arme und Beine, aber dafür sind die Geschlechtsmerkmale überdeutlich herausgearbeitet. Es gibt verschiedene Interpretationen, warum der Künstler oder die Künstlerin das so gemacht hat. Warum auch immer, mit der »Venus vom Hohlen Fels« hat er oder sie vor 40.000 Jahren jedenfalls die älteste Menschenfigur der Welt geschaffen. Und sie zeigt, dass schon die Ur-Schwaben nicht so prüde waren, wie uns bis heute nachgesagt wird.

Gleich neben der Venus wurde noch das älteste Musikinstrument der Welt gefunden, eine Flöte aus dem Knochen eines Gänsegeiers. Das ist der Beweis dafür, dass die Schwaben schon damals beisammen gesessen sind und Musik gemacht haben.

Nun sind manchmal Stimmen zu hören, die behaupten, man könnte auch anderswo solche Kunstwerke finden, wenn man nur lange genug suchen würde. Wir bräuchten also mit den Funden gar nicht so angeben.

Ha, so a saudomms Gschwätz! Z' faul zom Suacha, aber 's Maul aufreißa! Des kennet mir leida wia 's Zahweh.

Fakt ist, dass nach allen bisherigen Erkenntnissen die Wiege der Kultur auf der Schwäbischen Alb steht – au wenn's da Ausländer net basst!

Das sieht auch die Unesco so. Seit Juli 2017 gehören »Höhlen und Eiszeitkunst im Schwäbischen Jura« zum UNESCO-Weltkulturerbe.

Die Frage, ob mir Kunscht oder Grumbiere brauchet, dürfte mit diesem kurzen Ausflug in die »Würm-Kaltzeit« beantwortet sein: Mir brauchet boides. Auch wenn Landtagsabgeordnete das vor knapp 200 Jahren anders gesehen haben – und vielleicht auch heute anders sehen.

Land der Dichter und Denker

»Der Schelling und der Hegel,
der Schiller und der Hauff,
das ist bei uns die Regel,
das fällt hier gar nicht auf.«

Das schrieb der Kunsthistoriker und Dichter Eduard Paulus im Jahr 1897. Auch heute noch wird dieser Vierzeiler von Schwaben manchmal zum Besten gegeben. In anderen deutschen Landen kam er gar nicht gut an. Er wurde als eine der arrogantesten Aussagen bezeichnet, die je ein Volksstamm über sich selbst gemacht habe, und galt als Zeugnis dafür, dass die Schwaben an Selbstüberschätzung leiden.

»A wa!«, winkten die ab. »Des isch bloß dr Neid.«

Und tatsächlich gab es Ende des 18. und zu Beginn des 19. Jahrhunderts im Schwabenland so viele Dichter und Denker uf oim Haufa wia nirgends sonscht. Woran lag es nun, dass so viele Geistesgrößen hier ihre Wurzeln hatten? An den guten schwäbischen Genen? Das zu behaupten, wäre tatsächlich eine Selbstüberschätzung.

Woran lag es dann? Vor allem am württembergischen Schulsystem. Denn hier wurden nicht nur Kinder aus wohlhabenden und gebildeten Kreisen gefördert, nein, auch begabte Kinder (in jener Zeit waren damit nur männliche Kinder gemeint) aus Bauern- und Arbeiterfamilien erhielten eine Chance. Das hört sich sehr positiv und fortschrittlich an, was es einerseits auch war. Andererseits wurden die Schüler nach der schwärzesten Pädagogik unterrichtet und erzogen, die man sich nur vorstellen kann. Am Beispiel vom oben erwähnten Schiller soll hier der Weg eines Buben aus einfachen Verhältnissen zum Dichterfürst erzählt werden.

Schillers Fritzle wurde an einem trüben Novembertag des Jahres 1759 in Marbach am Neckar geboren. Er hatte einen strengen Vater, der aus seinem Sohn »ebbes Bessers« machen wollte, nämlich einen Pfarrer. Also schickte er ihn schon mit fünf Jahren in die Dorfschule. Als die Familie drei Jahre später nach Ludwigsburg zog, besuchte er dort die Lateinschule, deren erfolgreicher Abschluss die Voraussetzung dafür war, um später im Tübinger Stift Theologie studieren zu können. Wer Schwächen zeigte oder nicht parierte, wurde verspottet, geschlagen und eingekerkert.

Als 30-Jähriger schrieb Schiller über seine Erziehung in einem Brief: »Durch eine traurige, düstere Jugend schritt ich ins Leben hinein, und eine herz- und geistlose Erziehung hemmte bei mir die leichte, schöne Bewegung der ersten werdenden Gefühle. Den Schaden, den dieser unselige Anfang des Lebens in mir angerichtet hat, fühle ich noch heute.«

Am Ende jeden Jahres mussten die Lateinschüler nach Stuttgart zum Landexamen reisen. Diese Prüfung war wegen ihrer hohen Anforderungen in ganz Württemberg berüchtigt und gefürchtet.

Fritz bestand die Prüfungen, und damit war der Weg zum Theologiestudium offen.

Doch nun trat zwischen den Vater im Himmel und den Vater zu Hause der Landesvater, nicht ganz so mächtig wie jener, aber viel mächtiger als dieser. Herzog Carl Eugen hatte auf der Solitude, westlich von Stuttgart, eine Schule gegründet. Hier sollten begabte Jungen auf Kosten des Staates für verschiedene Berufe ausgebildet werden. Dafür wurde auch Schillers Fritz ausgewählt, obwohl er Pfarrer werden wollte. Doch die Wünsche seiner Untertanen interessierten den Herzog nicht. Also wurde der 13-jährige Fritz aus seinem bisherigen Leben gerissen und von seiner Familie getrennt. Diese traumatische Erfahrung ließ ihn nicht mehr los; das Motiv der verlorenen Kindheit zieht sich durch sein gesamtes Werk.

Die sogenannte Carlsschule wurde militärisch geführt, der Schulleiter war ein Oberst. Es gab einen Dienstplan, den die Schüler genau einzuhalten hatten. Darüber wachten Offiziere und Unteroffiziere. Wie in einer Kaserne begann der Tag mit dem Wecken, im Sommer um fünf, im Winter um sechs Uhr. Der Unterricht dauerte von sieben Uhr bis 18 Uhr und wurde nur für das Mittagessen unterbrochen. Was die Schüler wann zu tun hatten, war vom Wecken bis zur Nachtruhe um 21 Uhr genau geregelt. Freizeit oder gar Ferien gab es nicht. In einem Befehl des Herzogs aus dem Jahr 1776 heißt es, dass die Schüler das Haus nur verlassen dürfen, wenn der Vater oder die Mutter gestorben war.

Während der acht Jahre, die Schiller in der Schule verbringen musste, starben zwei seiner Schwestern, die er nie gesehen hat. Seine jüngste Schwester Nanette sah er zum ersten Mal, als sie schon drei Jahre alt war. Er litt so sehr unter der Trennung von seiner Familie und dem totalen Freiheitsentzug, dass er häufig krank war und sich mit dem Lernen schwertat.

Eine Möglichkeit, sich dem Herzog – zumindest gedanklich – zu entziehen, sah Schiller in der Literatur. Mit seinen Freunden gründete er einen literarischen Geheimbund. Sie lasen heimlich Bücher, obwohl ihnen das Lesen außerhalb des Unterrichts verboten war, und sie schrieben Geschichten und Gedichte, die sie sich gegenseitig vortrugen. Diese Texte handelten oft von einem schöneren, freieren Leben.

Für Schiller wurde das Schreiben zunehmend wichtiger. Heimlich entstand sein erstes Theaterstück »Die Räuber«, in dem er sich gegen ungerechte Herrscher und Unterdrückung, gegen einengende Gesetze und Vorschriften wandte und sein glühendes Verlangen nach Freiheit aufs Papier brachte. Doch ihm war klar, dass der Herzog die Aufführung niemals erlauben würde. Also brachten gute Freunde den Text ins badische Mannheim, wo »Die Räuber« im Januar 1782 uraufgeführt wurden. Schiller wollte unbedingt dabei sein, reiste unerlaubt dorthin und erlebte hautnah den sensationellen Erfolg seines ersten Theaterstückes mit. Doch der Erfolg nützte dem jungen Dichter nichts, im Gegenteil; als der Herzog erfuhr, dass Schiller so ein aufrührerisches Stück geschrieben hatte und auch noch ohne Erlaubnis in Mannheim gewesen war, ließ er ihn 14 Tage einsperren und verbot ihm, weitere Stücke zu schreiben.

»Unglücklicher kann bald niemand sein als ich«, notierte Schiller. Er wollte, ja er musste schreiben und durfte nicht, jedenfalls nicht im Land von Herzog Carl Eugen. Also entschloss er sich schweren Herzens, Württemberg – und damit auch seine Familie und seine Freunde – zu verlassen und ins badische Mannheim zu fliehen.

So ähnlich wie Schiller erging es vielen jungen Dichtern und Denkern. Und er war nicht der Einzige, der das Land verließ. Auch die im obigen Vierzeiler genannten Philosophen Schelling und Hegel blieben nicht hier. Wie Schiller schufen sie ihre großen Werke in anderen deutschen Landen, wo es zu jener Zeit toleranter zuging als im Schwabenland. Das sollte jeder bedenken, der schon auf der Zunge hat:

»Der Schelling und der Hegel,
der Schiller und der Hauff,
das ist bei uns die Regel,
das fällt hier gar nicht auf.«

Schnauze voll

En onserm Land lebet viele Leut,
die moled älles schwarz ond grau,
die sehn bloß älles, was schlecht ischt,
ond verkündet an Supergau.

I kann des nemme höra,
i han d' Schnauze voll,
i frog mi scho lang,
was die Schwarzmolerei soll.

En onserm Land lebet viele Leut,
die moled alles hell ond bont,
die sehn bloß älles, was schee isch,
für die isch au no 's Eckige rond.

I kann des nemme höra,
i han d' Schnauze voll,
i frog mi scho lang,
was die Scheefärberei soll.

Schwarzmoler ond Scheefärber,
die send net ehrlich
ond vertuschet a freie Sicht
uf d' Welt, wie se isch ond sei kennt,
freie Sicht meged Falschmoler net.

I kann des nemme höra,
i han d' Schnauze voll,
i frog mi scho lang,
was die Falschmolerei soll.

M.ToMiceK

Bauernaufstände in Württemberg

Die Schwaben gelten seit jeher als behäbige, ordnungsliebende, brave Bürger, die den Respekt vor der Obrigkeit schon mit der Muttermilch einsaugen. Auf diesem Hintergrund schrieb der Ludwigsburger Arzt und Dichter Justinus Kerner über Eberhard im Bart, der von 1459 bis 1496 als Graf und zuletzt als erster Herzog in Württemberg regierte, das Gedicht »Preisend mit viel schönen Reden«. Es wurde später von einem unbekannten Komponisten vertont und zur Landeshymne. Darin heißt es, er sei der reichste aller deutschen Fürsten, denn:

»Eberhard, der mit dem Barte,
Württembergs geliebter Herr,
Sprach: »Mein Land hat kleine Städte,
Trägt nicht Berge silberschwer;
Doch ein Kleinod hält's verborgen:
Dass in Wäldern, noch so groß,
Ich mein Haupt kann kühnlich legen
Jedem Untertan in Schoß.«

Sehen wir mal gnädig über die verdrehten und erzwungenen Verse hinweg, die Kerner dem Herzog in den Mund legt, so wird deutlich, worum es ihm geht: In Württemberg ist die Welt zwischen dem Landesherrn und seinen Untertanen noch in Ordnung. Das wollte er jedenfalls seine Leser glauben machen. Dabei brodelte es schon zu Eberhards Zeiten ganz gewaltig. So machte im April 1476 ein junger Schafhirte im Norden des Landes von sich reden. Er hieß Hans Böheim, konnte weder lesen noch schreiben, dafür aber sehr eindrucksvoll reden: »Es ist eine Sünde, wie die

Herren mit ihren Frauen und Kindern leben! Sie fressen und saufen, dass ihnen fast die Bäuche platzen, während wir uns nicht einmal an Brot satt essen können. Und am schlimmsten sind die Pfaffen. Die Heilige Jungfrau Maria hat mir aufgetragen, euch zu sagen, dass Gott die Habgier des Papstes und der Pfarrer nicht länger dulden will. Alle Menschen sind Kinder Gottes, Brüder und Schwestern. Die Fürsten und Herren müssen ihr Vermögen mit den Armen teilen, dass alle gleich viel besitzen!«

Das waren revolutionäre Forderungen, die seine ständig wachsende Zuhörerschaft jubelnd aufnahm und weitertrug. Im Sommer forderte er die Männer auf, »in Wehr und Waffen« zu kommen, um gegen die Fürsten zu marschieren. Das kam der Obrigkeit zu Ohren. Die schickte gut bewaffnete Soldaten, die Hans Böheim festnahmen. Am 19. Juli 1476 wurde er auf dem Scheiterhaufen verbrannt – aber seine Gedanken lebten fort.

Im Süden des Landes wehrten sich viele Bauern dagegen, dass ihnen verboten wurde, zu jagen, zu fischen und Holz zu schlagen. Gleichzeitig sollten sie immer höhere Abgaben leisten. Auch dass die Herren bei Treibjagden die Felder verwüsteten, ohne den Schaden zu bezahlen, wollten sie nicht mehr hinnehmen. Zum gemeinsamen Erkennungszeichen wurde der Bundschuh, die Fußbekleidung der Bauern. Sie kämpften für ihre alten Rechte und für die Abschaffung der Leibeigenschaft. Außerdem sollte der gesamte Besitz der Geistlichen dem Volk gehören.

Das alles klang nicht nach Ruhe und Ordnung und geliebten Herren. Und als der erst elfjährige Ulrich 1498 auf den württembergischen Thron gesetzt wurde, spitzte sich die Lage zu. In den ersten Jahren regierte noch ein Vormund, aber mit sechzehn übernahm Ulrich die Herrschaft über das Land. Und wie! Er veranstaltete üppige Feste und holte zu seiner Unterhaltung die teuersten Künstler an den Hof nach Stuttgart. Natürlich wollte er auch Krieg spielen und verlangte mehr Geld für das Militär. Weil die Kassen bald leer waren, mussten die Einnahmen erhöht werden. Damit das nicht auffiel, wurden nicht wie üblich mehr Abgaben verlangt, sondern die Maße und Gewichte vermindert. Ein Pfund war nun kein Pfund mehr, ein Liter kein Liter. Trotzdem blieben die Preise gleich. Dieses hinterhältige Vorgehen löste im Volk große Empörung aus. Da hatte ein junger Mann aus Beutelsbach im Remstal, der Gaispeter, eine glänzende Idee: Er schlug vor, die neuen Gewichte einem Gottesurteil zu unterwerfen. Gottesurteile wurden zu jener Zeit hauptsächlich an Frauen vollzogen, die der Hexerei angeklagt waren. Man fesselte sie an Händen und Füßen und warf sie in einen Fluss. Blieben sie oben, waren sie mit dem Teufel im Bund und wurden verbrannt; gingen sie unter, war ihre Unschuld erwiesen und sie erhielten ein christliches Begräbnis.

Am 2. Mai 1514 besorgte sich der Gaispeter die neuen Gewichte und ging mit ihnen zur Rems, begleitet von vielen Menschen, die sich unter dem Namen »Armer Konrad« zusammengetan hatten. »Wenn die Gewichte gerecht sind, werden sie oben schwimmen!«, rief der Gaispeter. »Sinken sie aber auf den Grund, sind sie ungerecht!« Mit diesem Ruf warf er sie in den Fluss, und natürlich versanken sie. Dann wurden die Gewichte aus dem Wasser geholt und die Menge zog weiter, um in anderen Dörfern das Gottesurteil zu wiederholen. Nach wenigen Tagen stand das Remstal in hellem Aufruhr. Um einen Aufstand zu verhindern, nahm der Herzog die versteckte Steuererhöhung zurück und versprach außerdem, sich um die Klagen des Volkes zu kümmern.

Doch das war ein leeres Versprechen.

Weil sich ihre Lage nicht wirklich besserte, wagten die Bauern 1524 dann doch den Aufstand – auch angestachelt von Martin Luthers Schrift »Von der Freiheit eines Christenmenschen«. Die begann mit dem Satz: »Ein Christenmensch ist ein freier Herr über alle Dinge und niemand Untertan.«

Vom Bodensee bis ins Taubertal bildeten sich mehrere sogenannte »Haufen«. Bis zu 30.000 bewaffnete Männer marschierten durchs Land. Die Obrigkeit war überrascht, und nach ein paar Wochen sah es so aus, als könnten die Bauern grundlegende Veränderungen durchsetzen. Da boten die Fürsten Verhandlungen an, um Zeit zu gewinnen. Die nutzten sie, um ein Heer aufzustellen. Georg Truchseß von Waldburg führte es an. Mit seinen im Kämpfen geübten Söldnern und Reitern besiegte er einen Bauernhaufen nach dem andern. Doch das reichte ihm noch nicht. Er wollte die Menschen so einschüchtern, dass sie sich nie wieder erheben würden. Deshalb ging er brutal und gnadenlos vor, ließ nicht nur die kämpfenden Bauern töten, sondern auch alle Dörfer und Städte niederbrennen, aus denen »Aufwiegler« kamen. Nach Schätzungen verloren etwa 50.000 Menschen im Land ihr Leben. Der Truchseß von Waldburg, auch Bauernjörg genannt, wurde für die Niederschlagung der Aufstände von den Fürsten reich belohnt. Unter anderem erhielt er große Ländereien in Oberschwaben, die noch heute seinen Nachkommen gehören.

Weil die Fürsten von den Überlebenden hohe Straf- und Bußgelder verlangten, wurde die Not im Land noch größer als zuvor. In einem Lied von damals hieß es: »Was wir hatten, han wir verloren, / Nun sind wir arm.«

Viele Menschen sahen in der Niederlage der Bauern ein Gottesurteil, das zeigte, dass man sich gegen die Obrigkeit nicht erheben solle. Vielleicht liegt in dieser Sichtweise ein Grund dafür, dass die Menschen in unserem Land als brave Bürger ungerechte Zustände länger erduldeten als anderswo.

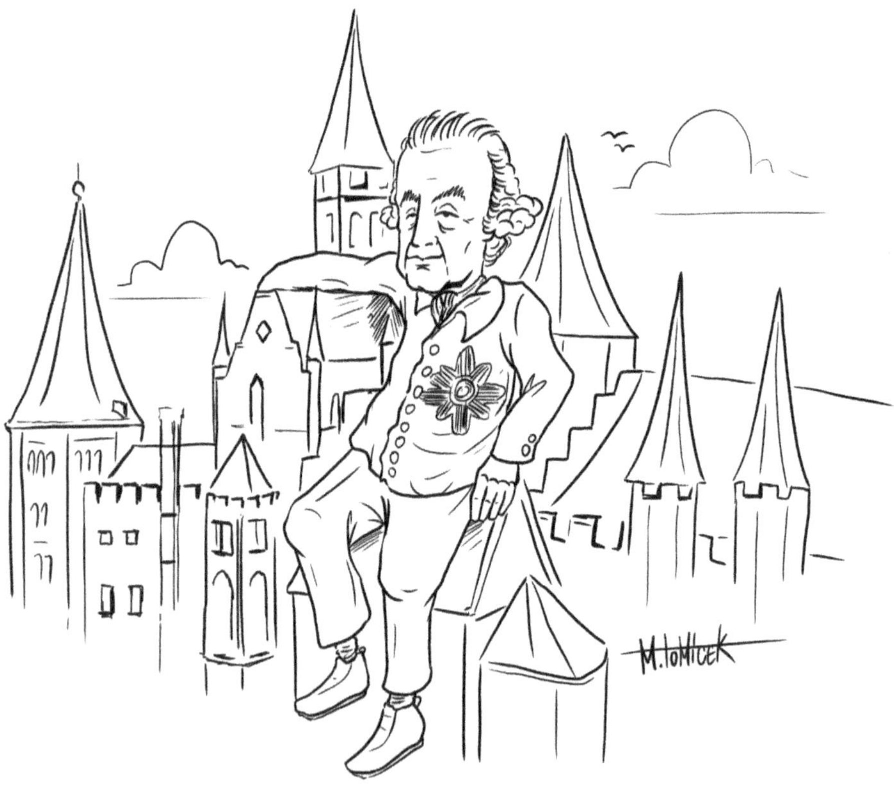
M.TOMICEK

Die Krone aller Burgen in Schwaben

Wer auf der B 27 durchs Schwabenland fährt, sieht spitze Türme in den Himmel ragen, wenn er sich der ehemaligen fürstlichen Residenzstadt Hechingen nähert. Die Einheimischen wissen natürlich, um welche Türme es sich dabei handelt, und viele Durchreisende sind von dem Anblick so beeindruckt, dass sie es wissen wollen. Deswegen fahren sie zwischen Hechingen und Bisingen von der B 27 ab und auf einem schmalen Sträßchen in Richtung Hohenzollern. Auf diesem 855 Meter hohen Berg thront eine imposante Burg, die oft als »Krone aller Burgen in Schwaben« bezeichnet wurde. Viele der jährlich etwa 300.000 Besucher beklagen, dass sie mit ihren Autos nicht direkt in den Burghof fahren dürfen, sondern weiter unten auf einem der Parkplätze im Wald parken und das letzte Stück zu Fuß gehen müssen. Zugegeben, der Aufstieg geht ganz schön in die Beine und schlaucht manche gewaltig; aber dabei ahnen sie vielleicht, wie mühsam und beschwerlich es für die Arbeiter und Bauern gewesen sein muss, das ganze Material für den Bau der Burg auf den Berg zu bringen – und zwar ohne Fahrzeuge mit mehreren Hundert PS, sondern mit Fuhrwerken, die von zwei oder vier Pferden, manchmal auch von Ochsen gezogen wurden. Und das im Lauf der Jahrhunderte immer wieder. Denn die Burg wurde mehrfach zerstört und wieder neu und größer aufgebaut. Die heutige »Krone aller Burgen in Schwaben« hat mit ihren Vorgängerinnen nicht mehr viel gemein.

Zum ersten Mal erwähnt wurde eine Burg auf dem Zollerberg im Jahr 1267 als »Castro Zolre«. Die Grafen von Zollern hatten sie bauen lassen und zum Stammsitz ihrer Familie gemacht.

Damals gab es auf dem Gebiet, aus dem später einmal das Deutsche Reich werden sollte, noch über 300 Ländereien, in denen einige Fürsten über große Gebiete herrschten und viele über kleine. Weil die Grafschaft Zollern zu den kleinsten gehörte und die Grafen noch unbedeutend waren, liegt über ihre Herkunft vieles im Dunkeln. Auch wie groß die erste Burg war und wie sie ausgesehen hat, weiß niemand. Ein früher Chronist hat sie zwar als »das vesteste Haus in teutschen Landen« gerühmt; aber wie »vest« sie auch gewesen sein mag, im Jahr 1423 wurde sie von einem Heer der schwäbischen Reichsstädte erobert und zerstört. Den Wiederaufbau verbot König Sigismund höchstpersönlich.

Der damalige Graf mit dem ungewöhnlichen Namen Eitel Friedrich musste den Besitz der Hohenzollern an die Grafschaft Wirtemberg verpfänden. Außerdem wurde vertraglich Folgendes festgeschrieben: Sollte der Graf keinen männlichen Nachkommen hinterlassen, werde der Besitz endgültig an Wirtemberg fallen.

Nun war Eitel Friedrich nicht mehr der Jüngste und zu allem Übel auch noch ledig. Doch weil er nicht als Totengräber derer von Zollern in die Geschichte eingehen wollte, heiratete er als fast 50-Jähriger und bemühte sich fortan nach Kräften, einen Sohn zu zeugen – mit Erfolg. Nur seiner noch ausreichenden Manneskraft ist es also zu verdanken, dass die Hohenzollern nicht ausgestorben sind, bevor ihre eigentliche Geschichte überhaupt begann. Sein Sohn muss dann eines der ersten schwäbischen »Cleverle« gewesen sein, denn es gelang ihm, das Gebiet der Grafschaft zu verdoppeln und vom neuen Kaiser die Erlaubnis zum Wiederaufbau der Burg zu bekommen. Im Jahr 1454 wurde der Grundstein gelegt. Wieder mussten Bauern »Hand- und Spanndienste« leisten, das heißt, neben ihrer schweren Arbeit auf den Feldern und im Stall das ganze Material auf den Berg schaffen und beim Bau mithelfen.

Obwohl die zweite Burg angeblich besonders wehrhaft war, wurde sie während des Dreißigjährigen Krieges im Jahr 1634 von den Württembergern erobert und besetzt. Nach dem Ende des Krieges wechselten die Besatzer und Besitzer in den folgenden hundert Jahren mehrfach. Doch sie kümmerten sich alle nicht um die Erhaltung der Burg, sodass diese mit der Zeit immer mehr verfiel und zu Beginn des 19. Jahrhunderts nur noch eine Ruine war.

Durch den Zerfall ihrer Stammburg ließen sich die Hohenzollern auf ihrem Weg nach oben allerdings nicht stoppen. Unter ihnen gab es noch etliche »Cleverle«, die durch geschicktes Taktieren und Heiraten ihr Herrschaftsgebiet und ihre Macht stetig ausbauten. So kamen zu den schwäbischen Hohenzollern nach und nach die fränkischen, die brandenburgischen und die brandenburgisch-preußischen Linien – jeweils mit einigen Nebenlinien. Wer den weit verästelten Stammbaum in der Halle auf der Burg sieht und nachverfolgen will, läuft Gefahr, dass ehm vor lauter Nama ond Zahla dremmleg wuird.

Aus den vielen Namen ragen ein paar heraus: Der erste König aus dem Hause Hohenzollern wurde – wen wundert's – ein Friedrich. Allerdings stammte er nicht aus der schwäbischen Linie, sonst wäre er vermutlich nicht so verschwenderisch mit dem Geld umgegangen. Er verteilte große Summen an die anderen Fürsten, um so ihre Stimmen zu kaufen.

Im Januar 1701 war er am Ziel, setzte sich selbst die Krone aufs Haupt und nannte sich Friedrich I., König in Preußen.

Sein berühmtester Nachfolger wurde im Jahr 1740 Friedrich der Große, volkstümlich der »Alte Fritz« genannt. Er war zu Lebzeiten nie auf dem Zollerberg, nur 39 Jahre lang als Toter. Vielleicht hat man deswegen bei einem Besuch das Gefühl, sein Geist schwebe bis heute durch die Burg.

Hundert Jahre nach dem »Alten Fritz« wurde Friedrich Wilhelm IV. preußischer König. Von dem hieß es, es sitze »ein Romantiker auf dem Thron«. Sein eigener Bruder war mit Worten nicht so zimperlich und nannte ihn »Schwätzer« und »Memme«. Wie auch immer, dieser König lebte im falschen Jahrhundert. Denn gedanklich war er mehr dem Mittelalter verbunden als der Neuzeit. Auf einer Reise nach Italien besuchte Friedrich Wilhelm IV. den Zollerberg, um mit eigenen Augen zu sehen, wo die Wurzeln seiner Familie liegen. Jahre später schrieb er: »Die Erinnerung ist mir ungemein lieblich und wie ein schöner Traum, zumal der Sonnenuntergang, den wir von einer der Schloßbastionen aus sahen … Nun ist ein Jugendtraum–Wunsch, den Hohenzollern wieder bewohnbar gemachet zu sehen.« Ab 1850 verwirklichte er seinen so lange gehegten Traum. Um auf seine Herkunft aus dem uralten Adelsgeschlecht der Hohenzollern hinzuweisen, ließ er die Stammburg seiner Ahnen so mächtig, ja protzig bauen, dass sie wieder als »Krone aller Burgen in Schwaben« gelten konnte. Dabei passte diese Burg überhaupt nicht mehr ins 19. Jahrhundert. Während in London bereits die erste U-Bahn-Linie gebaut wurden, Johann Philipp Reis im hessischen Friedrichsdorf das erste Telefon entwickelte und Ingenieure in ganz Europa an selbstfahrenden Automobilen bastelten, wollte der preußische König – ähnlich wie der Bayernkönig Ludwig II. mit Schloss Neuschwanstein – die mittelalterliche Ritter- und Burgenromantik wiederbeleben. Daran wird deutlich, dass sich die Fürsten mit dem technischen Fortschritt und der Industrialisierung schwertaten. Wenn es ihnen möglich gewesen wäre, diese Entwicklung aufzuhalten, hätten sie es bestimmt getan. Doch dafür reichte nicht einmal die Macht der Könige aus – zum Glück.

M.TOMICEK

Beine auf dem Boden, Kopf in den Wolken

Wir Schwaben seien heimatverbunden und bodenständig, hört man oft. Das klingt vordergründig eher positiv. Doch manche, die das über uns sagen, wollen uns damit hintergründig einiges anhängen, was eher negativ ist: Wir seien konservativ, bieder, langweilig, spießig, nur an Sicherheit orientiert und Neuem gegenüber nicht aufgeschlossen.

Es mag solche Leute im Schwabenland geben, aber nicht mehr als anderswo. Sicher ist dagegen, dass es immer Schwaben gab, die mit beiden Beinen fest auf ihrem Heimatboden standen – und den Kopf in den Wolken hatten. Davon zeugen nicht nur wichtige Erfindungen auf allen Gebieten, davon könnten noch viel mehr Werke erzählen, wenn sie nicht in Vergessenheit geraten wären.

Solche Schwaben waren auch Kaspar Mohr, Salomon Idler, Albrecht Ludwig Berblinger und Gustav Mesmer. Den Namen Berblinger hat die eine oder der andere vermutlich schon mal gehört. Besser bekannt ist er als »Schneider von Ulm«. Und damit wissen die meisten wohl, worum es jetzt geht: ums Fliegen.

Wie schon viele vor ihnen, träumten die vier Männer davon, fliegen zu können wie die Vögel.

»A wa, dr Mensch isch koi Vogel ond ka net fliaga!«, hörten sie oft. Und: »Wenn Gott wella hätt, dass dr Mensch fliaga ka, no hättr ehn mit Fligel gmacht.«

Doch das konnte die vier nicht bremsen.

Der Erste, von dem Flugversuche überliefert sind, war Kaspar Mohr. Er wurden 1575 in einem Weiler bei Biberach geboren und besuchte die Klosterschule Schussenried. Dort fiel er als besonders begabt auf und wurde zum Theologiestudium nach Rom geschickt. 1614 kehrte er zurück und bekam die Pfarrstelle in Otterswang, wohnte aber im Kloster Schussenried. Täglich musste er vier Kilometer hin und zurück zu Fuß gehen. Vielleicht wünschte er sich dabei manchmal, die Strecke fliegen zu können. Jedenfalls machte er aus Gänsefedern Flügel und band diese mit Schnüren an seine Füße und Hände. Durch schnelle Bewegungen wollte er vom Boden abheben, was er angeblich einige Zentimeter schaffte. Natürlich wusste Mohr, dass der Wunsch zu fliegen der damaligen kirchlichen Lehre widersprach und als Ketzerei galt. Trotzdem arbeitete er heimlich an seinem Flugapparat und plante einen Start aus dem dritten Stock. Davon erfuhr der Abt und verbot ihm das Experiment. Die Flügel seien daraufhin »ganz und gar abgeschafft worden«, heißt es in der Chronik des Klosters.

Der Zweite, der einen Flugversuch wagte, war der am 11. Februar 1610 in Cannstatt geborene Salomon Idler. Über seine Kindheit und Jugend ist nur bekannt, dass er das Schusterhandwerk erlernte. Irgendwann während des Dreißigjährigen Krieges kam er nach Augsburg, wo er als Schuster arbeitete. Selbst in dieser schlimmen Zeit träumte Idler vom Fliegen und konstruierte zwei Flügel, an die er wie Kaspar Mohr Federn leimte. Damit wollte er vom 70 Meter hohen Perlachturm seinen ersten Flug wagen. Doch sein Pfarrer stoppte ihn und soll gesagt haben: »Wenn du fliaga kaascht, no fluig doch zerscht amol nauf!«

Ob Idler das versucht hat, ist nicht bekannt. Jedenfalls stieg er nicht auf den Turm, sondern etwas später auf einen Schuppen. Oben schwang er kräftig die Flügel und sprang ab. Nach einem kurzen Flug landete er krachend auf dem Boden - und erschlug dabei vier Hühner. Er selbst holte sich nur ein paar Schrammen, war aber so enttäuscht und wütend über den missglückten Versuch, dass er seinen Flugapparat vollständig zertrümmerte. Sein erster war zugleich auch sein letzter Flugversuch.

160 Jahre nach Idler erblickte Albrecht Ludwig Berblinger in Ulm das Tageslicht. Er hatte schon sechs Geschwister, das Geld war also immer

knapp. Der Junge zeigte früh großes Interesse an technischen Geräten und wollte gern Uhrmacher werden, musste aber eine Schneiderlehre beginnen und durchstehen.

Neben seinem Brotberuf entwickelte er unter anderem eine »Fußmaschine«, die erste bewegliche Beinprothese mit Gelenk. Doch mehr als mit dem Gehen beschäftigte er sich mit dem Fliegen und konstruierte eine »Flugmaschine«, mit der er wirklich fliegen konnte. Das wollte er den Ulmern und der ganzen Welt am 4. Juni 1811 beweisen, und zwar mit einem Flug vom damals noch 100 Meter hohen Ulmer Münster. Doch die Ratsherren erlaubten es nicht. Stattdessen sollte er schon einige Tage zuvor beim Besuch des Königs als besondere Attraktion über die Donau fliegen. Berblinger war einverstanden, weil er hoffte, finanzielle Unterstützung von der Stadt und vielleicht sogar vom König zu bekommen. Allerdings bat er darum, den Flug wegen der veränderten Bedingungen und den völlig anderen Windverhältnisse zu verschieben. Aber der König wollte nicht warten. Nach einem Augenzeugenbericht wurde Berblinger »weiß wie Backsteinkäs« und tänzelte verunsichert auf dem Sprunggerüst herum. Dann habe ihn ein Polizist vorwärts gestoßen. Ob gestoßen oder gedrängt, jedenfalls stürzte er ab, landete in der Donau, wurde gnadenlos verspottet und zur Witzfigur gemacht.

»Dr Schneider vo Ulm hot's Fliega probiert, no hot'n dr Deifel en Donau neigführt«, riefen schon die Kinder.

»Wer hoch steigt, der fällt tief«, sagten viele Erwachsene.

Und Berblinger fiel sehr tief, fast könnte man sagen, er fiel aus der Ulmer Gesellschaft. Oder richtiger: Er wurde aus ihr gestoßen, verarmte und starb mit 58 Jahren an »Auszehrung«, wie es damals hieß.

Es dauerte 150 Jahre bis die Ulmer begriffen, welches Unrecht ihre Vorfahren dem Berblinger angetan haben. Seither wird er als großer Sohn der Stadt gefeiert.

Ganz anderes Unrecht widerfuhr Gustav Mesmer, dem Vierten im Bunde. Im Alter von 26 Jahren störte er am 17. März 1929 einen Gottesdienst in seiner Heimatgemeinde Altshausen mit den Worten: »Do wuird net 's Blut Chrischti ausdoilt ond sowiaso isch des älles a reachter Schwendel.«

»Der ischt jo verruckt!«, sagten die Leute. »Der ghört en d' Klapsmühle!«

Und wenige Tage später wurde er in die Heilanstalt Schussenried eingeliefert. Dort und in anderen Psychiatrischen Anstalten musste er die folgenden 35 Jahre (!) verbringen. Weil er nicht verrückt war, litt Mesmer besonders unter dem Freiheitsentzug und träumte davon, über die Mauern zu fliegen. Aber er träumte nicht nur, sondern fing an, Flugapparate zu planen. Am 10. Oktober 1932 findet sich erstmals ein Hinweis darüber in seiner Krankenakte: »Hat eine Flugmaschine erfunden, gibt entsprechende Zeichnungen ab.«

Nur sein Traum vom Fliegen ließ ihn die 35 Jahre in Heimen überstehen. 1964 wurde er endlich in die Freiheit entlassen. Im Keller des Altenheims Buttenhausen durfte er eine Werkstatt einrichten. Dort zeichnete er unzählige Flugmodelle und baute Flugapparate, wie die Welt noch keine gesehen hatte. Dabei verwendete er nur Materialen, die andere Leute weggeworfen hatten – war also schon ein Recyclingkünstler, als es den Begriff noch gar nicht gab. Berühmt wurde sein Flugfahrrad, ein altes Damenrad, auf das er Flügel aus Plastiksäcken montierte. Damit radelte er die Hügel der Alb hinunter und sorgte für viel Aufsehen. Obwohl er nie wirklich geflogen ist, nannten ihn die Leute bald liebevoll den »Ikarus vom Lautertal«.

Noch zu Mesmers Lebzeiten wurden seine Erfindungen und Kunstwerke in Museen und Kunsthallen der Öffentlichkeit präsentiert. Den absoluten Höhepunkt durfte er mit 89 Jahren noch erleben: Eines seiner Flugfahrräder stand 1992 auf der Weltausstellung in Sevilla zu dem Motto »Der Traum vom Fliegen«.

Frei wia a Vogel

Aus de enga Dörfer naus,
iber d' Alb schbaziera.
Nix meh höra von de Leut,
bloß mi selber schbüra,
mi selber schbüra.

Laufa ohne Ziel,
des macht mi ganz frei.
Wenn i lang gnuag gloffa ben,
fühl i mi wie nei,
fühl i mi wie nei.

Frei wie a Vogel em Wend,
der über d' Wolga schteigt
ond koine Grenza kennt,
koine Grenza kennt.

So fällt mir manches ei,
hätt i niamols denkt,
's kommt oifach von alloi,
als hätt's mir ebber gschenkt,
als hätt's mir ebber gschenkt.

Frei wie a Vogel em Wend,
der iber d' Wolga schteigt
ond koine Grenza kennt,
koine Grenza kennt.

I probier vieles aus,
meischtens ohne Plan,
wenn des d' Leit no sehn:
Mensch, was der älles kann,
was der älles kann.

Frei wie a Vogel em Wend,
der iber d' Wolga schteigt
ond koine Grenza kennt,
koine Grenza kennt.

M.ToMicek

Knopf im Ohr

Nein, erfunden hat sie gerade den nicht, der sie berühmt gemacht hat: den Teddybär. Es wird zwar seit hundert Jahren immer wieder gern erzählt, aber deswegen wird es nicht wahrer. Doch das schmälert die Lebensleistung der Margarete Steiff überhaupt nicht. Wenn man nicht wüsste, dass ihre Geschichte tatsächlich so verlaufen ist, würde man sie für ein Märchen halten, oder schlimmer, für einen kitschigen Roman.

Ihre Eltern hatten bereits zwei Töchter, als sie am 24. Juli 1847 in Giengen an der Brenz das dämmrige Licht in der elterlichen Schlafkammer erblickte. Sie wurde auf den klingenden Namen Apollonia Margarete getauft und entwickelte sich zu einem munteren Kind. Als die Mutter eineinhalb Jahre später den lang ersehnten Jungen zur Welt brachte, war die Freude groß. Sie währte allerdings nicht lange, denn Margarete wurde krank. Zunächst sah es »nur« nach einer schlimmen Erkältung mit hohem Fieber aus. Und tatsächlich schien sich ihr Zustand nach einigen Tagen zu bessern. Doch der Schein trog. Eines Morgens konnte Margarete ihre Beine und ihren rechten Arm nicht mehr bewegen. Bei mehreren Untersuchungen wurde schließlich festgestellt, dass es sich um Kinderlähmung handelte. Diese Krankheit und ihr Verlauf waren damals noch weitgehend unerforscht. Die Eltern unternahmen alles, was ihnen möglich war, aber kein Arzt hatte ein Mittel, das wirklich half. Margarete saß fortan im Leiterwagen, später im Rollstuhl.

Was das kleine Mädchen fühlte und dachte, weiß niemand; bekannt ist nur, dass sie sich von ihrer Krankheit nicht unterkriegen ließ. Nach Erzählungen spielte sie trotz ihrer Behinderung sowohl mit ihren Geschwistern als auch mit den Kindern im Ort und gab dabei wohl oft den Ton an. In der Schule waren ihre Leistungen überdurchschnittlich, und am liebsten hätte sie nach der Schulzeit noch eine höhere Schule besucht. Das lehnten ihre äußerst konservativen Eltern ab. Eine höhere Schule kam für ein Mädchen aus einfachem Haus nicht infrage. Bildung und Ausbildung galten damals für Mädchen als nicht so wichtig. Sie würden ja ohnehin heiraten und dann von ihrem Mann versorgt werden.

Nun war das in Margaretes Fall eher unsicher. So setzte sie bei ihren Eltern durch, dass sie wenigstens eine Nähschule besuchen durfte, um später ihr eigenes Geld zu verdienen. Weil sie ihren rechten Arm nur eingeschränkt und unter Schmerzen bewegen konnte, war das Nähen für sie mühsam und umständlich. Aber wieder überwand sie alle Schwierigkeiten, schloss die Ausbildung erfolgreich ab und durfte sich mit 17 Jahren »Schneiderin« nennen.

Um diese Zeit glaubte sie nicht mehr an eine Heilung. Später schrieb sie darüber unter anderem: »Gott hat es für mich so bestimmt, dass ich nicht gehen kann, es muss auch so recht sein. Von da an, etwa mit 17, 18 Jahren, ließ ich mich durch keine angepriesenen Mittel oder Heilmethoden mehr aufregen, denn das unnütze Suchen nach Heilung lässt den Menschen nicht zur Ruhe kommen.«

Margarete arbeitete nun in der Damenschneiderei ihrer beiden älteren Schwestern mit. Als diese heirateten und aus Giengen wegzogen, machte Margarete alleine weiter, unterstützt von ihren Eltern und Freundinnen. Denn auf Hilfe war sie immer angewiesen.

Im Alter von dreißig Jahren begann sie auf Anraten eines befreundeten Ehepaares, Kleidung aus Filz anzufertigen. Diese kam bei den Leuten so gut an, dass Margarete Steiff bald Näherinnen einstellen musste, um die Nachfrage bedienen zu können.

1879 fiel ihr beim Durchblättern einer Modezeitschrift das Schnittmuster eines Elefanten auf. Da hatte sie eine Idee: A Elefäntle als Nodelkisse, des wär doch mol ebbes Bsonders. Dick gnuag wär's jo drfir.

Gedacht – probiert. Aus Filzstoff formte und nähte sie ein »Elefäntle« zusammen. Das gefiel allen, denen sie es zeigte – am meisten den Kindern.

Und nun nahm die Geschichte einen ganz anderen Verlauf: Was als Nadelkissen gedacht war, wurde zu einem beliebten Schmusetier für Kinder. Anfangs verkaufte es ihr jüngerer Bruder Fritz auf den Märkten in Giengen und Heidenheim. Je mehr er unter die Kinder brachte, desto mehr Kinder wollten ein Stofftier haben. Und bald mussten die Näherinnen mehr »Elefäntle« als Kleidungsstücke herstellen.

Margarete Steiff erkannte die Chance und steuerte die Produktion um: Der kleine Elefant bekam Gesellschaft von Hund, Katze, Maus, Hase, Pferd, Schwein und Affe.

Ond wo isch dr Bär?

Tja, den gab's damals noch nicht in Steiffs Tierpark. Auf ihn mussten die Kinder noch ein paar Jahre warten.

Weil die Werkstatt im Elternhaus nicht mehr ausreichte, wagte die Unternehmerin 1889 einen Neubau. Ihr Bruder Fritz hatte ein Baugeschäft und erstellte das Wohn- und Geschäftshaus für seine Schwester. 1890 war die »Filz-Spielwaren-Fabrik« mit angeschlossenem Laden fertig.

Das Risiko wurde belohnt, der Absatz stieg stetig. Um die Schmusetiere noch bekannter zu machen, ließ Margarete Steiff im Jahr 1892 einen der ersten illustrierten Kataloge mit allen Tieren drucken. In ihm stand auch schon ihr werbewirksames Motto: »Für Kinder ist nur das Beste gut genug.«

Eigene Kinder hatte sie nicht, dafür freute sie sich umso mehr an den fünf Söhnen ihres Bruders Fritz. Deswegen war es für sie selbstverständlich, dass alle nach der Schule in der Fabrik mitarbeiteten – wenn sie das wollten. Das taten sie auch.

Ein besonders enges Verhältnis hatte sie zu ihrem Neffen Richard. Er war sehr kreativ und tüftelte etwas aus, was es bis dahin nicht gab: Kuscheltiere mit beweglichen Gliedern.

Eines dieser Tiere war ein Bär. Als er ihn seiner Tante zeigte, reagierte sie sehr zurückhaltend; er war ihr nicht »schmusig« genug. Sie glaubte nicht, dass Kindern so ein Bär gefallen würde. Außerdem hielt sie die Herstellung für zu teuer. Erst sah es so aus, als hätte sie recht: Die sechs Testbären kamen nicht gut an – bis 1903 auf der Leipziger Messe ein Amerikaner 3.000 Exemplare bestellte. Richard Steiff überarbeitete den Bären trotzdem, machte ihn etwas kleiner, rundlicher, beweglicher – kurz, ein Bärle zum Liebhaben. Das überzeugte seine Tante. Nun begann der Siegeszug der Bären aus Giengen in die Kinderzimmer der ganzen Welt und damit die Erweiterung der Fabrik. Bis 1907 schnellte die Zahl der Frauen und Männer auf 400 hoch; dazu kamen rund 1.800 Heimarbeiterinnen.

Das Erfolgsmodell wurde von Anfang an von anderen Firmen kopiert, oft in schlechterer Qualität. Um sich davon abzugrenzen, bekamen nicht nur die Bären, sondern alle Steiff-Produkte als Markenzeichen den »Knopf im Ohr«, und zwar im linken. Den haben sie bis heute.

Die kinderlose Apollonia Margarete Steiff hat durch ihr Schaffen dazu beigetragen, dass Millionen Kinder seit mehr als hundert Jahren einen plüschigen Kumpel haben, der manchen Kummer erträglicher macht.

M. Tomicek

Schwabenkinder

»Mama, bitte, bitte, ich will nicht ins Schwabenland, ich will daheim bleiben bei euch!« So bettelten bis ins letzte Jahrhundert viele Kinder jedes Jahr Anfang März. Doch alles Bitten und Betteln half nichts, die Kinder wurden fortgeschickt. Mochte das den Eltern auch noch so schwerfallen, sie hatten keine andere Wahl.

Daheim waren sie in Vorarlberg und Tirol, in den Bergregionen Südtirols und im schweizerischen Graubünden. Dort war die Armut groß und die Erträge der kleinen Bauernhöfe so gering, dass sie nicht ausreichten, um die oft zahlreichen Familienmitglieder satt zu bekommen. Damals gab es den bösen Spruch: »Die Vorarlberger Weiber sind fruchtbarer als ihr Land.« Als ob die Frauen etwas dafür konnten, dass sie so viele Kinder bekamen. Mitverantwortlich dafür war die katholische Kirche, die jede Art der Familienplanung verbot. Deswegen klagten die Frauen: »Hätte man nicht jedes Jahr ein Kind gehabt, wäre es eine Sünde gewesen.« Und Sünderinnen wollten sie natürlich nicht sein.

Um einen oder zwei Esser weniger am Tisch zu haben, wurden die ältesten Kinder für ein halbes Jahr in Richtung Bodensee geschickt, nach Oberschwaben und ins Allgäu.

Dieses sogenannte »Schwabengehen« wurde im Jahr 1625 zum ersten Mal schriftlich erwähnt. Johann Conrad Kostner, der Verwalter auf Schloss Bludenz, schrieb an die Regierung in Innsbruck: »Wol ziehen alle Jahr zu Frühlingszeiten viel Kinder auf die Hüt nach Ravensburg, Überlingen und ins Reich hin, welche aber vor und nach Martini zu Hause kommen.«

Von da an nahm das Schwabengehen stetig zu und erreichte im 19. Jahrhundert seinen Höhepunkt. Wie viele Kinder sich jedes Jahr auf den Weg machen mussten, weiß niemand; genaue Zahlen gibt es nicht. Manche Fachleute gehen von 4.000 Kindern jährlich aus, andere schätzen, dass es bis zu 6.000 waren. So oder so, die Zahlen machen deutlich, dass es sich nicht um Einzelfälle handelte, wie man lange Zeit glaubte oder glauben wollte. Die Geschichte dieser Kinder wurde gern verschwiegen, weil sie kein Ruhmesblatt für unser Land ist.

Die »Schwabenkinder« waren zwischen sechs und fünfzehn Jahre alt. Wenn sie Anfang März mit einem erwachsenen Mann an der Spitze losgingen, lag in den Bergen oft noch Schnee. Je nachdem, woher sie kamen, hatten sie 100 bis 250 Kilometer vor sich. Dafür brauchten sie bis zu drei Wochen und waren Wind und Wetter ausgesetzt. Die meist einfache Kleidung schützte nicht ausreichend gegen Kälte und Nässe, was häufig Krankheiten zur Folge hatte. Und die Schuhe fielen irgendwann auseinander. Dann wurden die Füße notdürftig mit Lumpen umwickelt, damit die Kinder nicht barfuß gehen mussten.

Heute, wo viele Leute mit dem Auto übers Wochenende oder im Urlaub in diese Regionen zum Skifahren reisen, ist kaum noch vorstellbar, wie beschwerlich und gefährlich der Weg vor allem für die jüngeren Kinder war. Im Lauf der Jahrhunderte haben ihn unzählige nicht geschafft. Doch auch darüber gibt es keine genauen Zahlen, dafür waren diese Kinder einfach nicht wichtig genug.

Wer trotz allen Widrigkeiten das Ziel erreichte, wurde auf einen der »Kindermärkte« in Oberschwaben geführt. Die bekanntesten gab es in Ravensburg, Friedrichshafen, Kempten und Wangen. Dorthin kamen Bauern aus der Umgebung, um sich von den Buben und Mädchen diejenigen auszusuchen, die ihnen geeignet erschienen. Dann handelten sie mit dem erwachsenen Begleiter einen Preis aus. Der bestand aus einem Geldbetrag und dem obligatorischen »doppelten Häs«: Die Kinder bekamen neue Kleidung von der Kopfbedeckung bis zu den Schuhen, und das zweifach.

Das Begutachten, Auswählen und Verhandeln ähnelte dem auf Sklavenmärkten. Nur dass die Schwabenkinder nicht von den Bauern gekauft, sondern sozusagen für ein halbes Jahr »gemietet« wurden. Wer Glück hatte, kam zu guten Leuten, bekam genug zu essen und ein eigenes Bett, wurde nicht oft geschlagen und schon gar nicht misshandelt. Wer es nicht so gut traf, dem standen schwere Monate bevor. Für viele Buben und Mädchen wurden sie zu schwer, sodass sie davonliefen. Aber sie kamen meist nicht weit, wurden zurückgeholt und noch schlechter behandelt.

Arbeiten mussten alle kräftig. Auf den großen Höfen gab es immer etwas zu tun. Im Frühjahr wurde gesät und gesetzt, im Sommer und Herbst war Erntezeit. Da ging es bei schönem Wetter gleich nach Sonnenaufgang los. Mit kurzen Pausen wurde bis zum Sonnenuntergang auf den Feldern gearbeitet. Dazu kamen die täglich anfallenden Arbeiten wie Stallausmisten, Füttern und Melken für die Buben, Küchen- und Hausarbeit für die Mädchen.

Vor und nach der Ernte mussten sie vor allem das Vieh hüten, weshalb die Schwabenkinder auch »Hütekinder« genannt wurden. Morgens trieben sie 20 bis 30 Kühe auf eine Wiese und mussten den Tag über aufpassen, dass sie nicht auf benachbarten Feldern grasten. Das schafften die jüngeren Kinder nicht immer, was ihnen Ärger und manchmal auch Schläge einbrachte. Beim Hüten trugen sie keine Schuhe, weil die teuer waren und geschont werden sollten. Um die Füße an nasskalten Tagen ein wenig zu wärmen, stellten sie sich in die frischen und noch warmen Kuhfladen.

Neben den langen Arbeitstagen litten die Kinder vor allem unter dem Heimweh. Über Monate von ihren Familien und Freunden getrennt zu sein, plagte sie sehr. Doch das interessierte die Bauersleute normalerweise nicht. Sie sahen in den Schwabenkindern hauptsächlich billige Arbeitskräfte, die zu funktionieren hatten. Die brauchten sie noch mehr, seit 1836 im Königreich Württemberg ein Volksschulgesetz in Kraft getreten war. Laut diesem bestand für Kinder zwischen sechs und 14 Jahren tägliche

Schulpflicht. Damit standen die Bauernkinder nicht mehr jederzeit für die Arbeit auf den Höfen zur Verfügung.

Schon das passte den Bauern nicht – und in vielen Fällen wurden die Kinder einfach zu Hause behalten. Denn: »Ein Knabe, der sich in der Schule verhockt, wird zum Bauern unbrauchbar«, so ein Landtagsabgeordneter, der den Bauern aus der Seele sprach. Waren die also schon von der Schulpflicht für die eigenen Kinder nicht begeistert, sollte diese auf keinen Fall auf die Schwabenkinder ausgedehnt werden. Zwar wurde das von fortschrittlich denkenden Menschen immer wieder gefordert, doch die oberschwäbische Bauernlobby verhinderte es noch viele Jahre. Erst 1921 wurde in Württemberg die Schulpflicht auch für ausländische Kinder eingeführt. Damit waren die Schwabenkinder für die Bauern nicht mehr so interessant, denn von Kindern, die am Vormittag in die Schule gingen, konnten sie weniger profitieren. Allerdings hatte das Schwabengehen zu dieser Zeit ohnehin schon stark abgenommen. Es kamen nur noch wenige Kinder nach Oberschwaben, die letzten in den 1940er Jahren.

Gugg de mol om

Du bisch koiner von dene,
die über Leicha gehn,
die en andre Menscha
bloß des Fremde sehn.

Du woisch no was von Würde
ond kennscht da Wert vom Leba.
Doch manchmol hosch au Zweifel
ond denksch: I kann doch nix verheba.

Gugg de mol om, du bisch net alloi.
Gugg de om, no wirsch scho seha,
do send neba dir no viele andre,
die da Weg gern mit dir gehn.

Du willsch d' Mutter Erde
net missbraucha ond benütza,
sondern für onsre Kinder
bewahra ond beschütza.

Manchmol sagsch du dir:
Des hot älles gar koin Senn.
I kann doch nix verändra,
weil i zu schwach dofir ben.

Gugg de mol om, du bisch net alloi.
Gugg de om, no wirsch scho seha,
do send neba dir no viele andre,
die da Weg gern mit dir gehn.

Gib mr dei Hand, nemm ao a Hand,
scho bisch du mittadren,
bisch Doil von ra großa Kraft,
die ao 's ganz Omegliche schafft.

Gugg de mol om, du bisch net alloi.
Gugg de om, no wirsch scho seha,
do send neba dir no viele andre,
die da Weg gern mit dir gehn,
die da Weg gern mit dir gehn.

50 pf. STEINE
50 pf
STEINE
M. Tomicek

Steinreich – die Schwäbische Alb

»Viel Steine gab's und wenig Brot.« Dieser Satz ist zu einem geflügelten Wort geworden, das zumindest die älteren Bewohner der Schwäbischen Alb noch kennen. Und die meisten sind der Meinung, jemand habe ihn über ihre Heimat geschrieben. Doch obwohl er so gut passt, oder zumindest in früheren Zeiten passte, ist das nicht der Fall. Der Satz stammt aus Ludwig Uhlands Gedicht »Der wackere Schwabe« aus dem Jahr 1814. Es handelt nicht von der Alb, sondern vom dritten Kreuzzug nach Jerusalem, den der Herzog von Schwaben und Kaiser des römisch-deutschen Reiches anführte. Wegen seines roten Bartes nannten ihn die Italiener »Barbarossa«, zu Deutsch »Rotbart«. Das Gedicht beginnt so:

»Als Kaiser Rotbart lobesam
zum heil'gen Land gezogen kam,
da musst er mit dem frommen Heer
durch ein Gebirge wüst und leer.
Daselbst erhub sich große Not,
viel Steine gab's und wenig Brot,
und mancher deutsche Reitersmann
hat dort den Trunk sich abgetan ...«

Man sieht, nicht nur besagter Vers, sondern auch die Verse drum herum hätten die Schwäbische Alb zu Zeiten Barbarossas meinen können. Denn damals war dieses Mittelgebirge noch dünn besiedelt und es herrschte große Not. Die karge, in manchen Gegenden unwirtliche, nur an Steinen reiche Landschaft brachte den Bauern trotz allem Fleiß immer geringe Erträge. Dass manche aus lauter Frust (auch wenn es das Wort damals noch nicht gab) mehr Most getrunken haben, als für sie gut war, ist nicht nur möglich, sondern wahrscheinlich.

Bis zu Uhlands Zeit hat sich daran nichts Wesentliches geändert. Immer noch gab es nur eines im Überfluss: Steine.

Damit Getreide, Kartoffeln, Kraut und Rüben ein bisschen mehr Platz zum Wachsen bekamen, wurden bis weit ins 20. Jahrhundert hinein Steine aus den Äckern gelesen und am Wegrand aufgeschüttet.

»Des isch koi Arbet fir d' Manna, sondern fir d' Schträfleng«, beschwerten sich die Älbler.

Aber weil die Sträflinge eingesperrt bleiben sollten, mussten die Frauen und Kinder sie erledigen.

In einer Bauernsippe auf der Albhochfläche hatten sie bis zum späten Nachmittag etliche Körbe aus dem Acker getragen, doch am nächsten Tag schienen genauso viele Steine auf sie zu warten wie am Tag zuvor. Darüber wunderte sich ein fünfjähriger Bub. »Send heit Nacht nuie Schtoi gwachsa?«, fragte er.

Seine älteren Geschwister lachten ihn aus. »Du bischt noch a dommer Kerle!«, riefen sie. »Schtoi kennet doch net wachsa!«

»Aber sieht schiergar so aus«, seufzte die Mutter.

Beide Antworten halfen ihm nicht weiter, im Gegenteil: Da sie sich widersprachen, brachten sie ihn noch mehr durcheinander. Und weil sie tagelang Steine lasen, ohne dass ein Ende abzusehen war, glaubte der Bub lange Zeit, die Steine würden wie Kartoffeln in der Erde wachsen – und droba auf dr rauha Alb konnte man wirklich diesen Eindruck haben.

Aber Not macht bekanntlich erfinderisch. Da die steinigen Böden und die Hanglagen als Ackerland oder Wiesen nicht genutzt werden konnten, ließ man eben Schafe darauf weiden. Diese genügsamen Tiere fanden überall Nahrung. Sie lieferten neben Milch vor allem Wolle, die verarbeitet werden musste, was zum Entstehen der Textilindustrie führte. Die Entwicklung dieses wichtigen Industriezweigs für die Schwäbische Alb wird im Maschenmuseum Albstadt anschaulich präsentiert.

Bereits im Mittelalter überlegten Älbler, ob man die überreichlich vorhandenen Steine nicht nutzen könnte, um mit und aus ihnen etwas zu machen. Weil sie an vielen Stellen direkt unter einer dünnen Erdschicht lagen, ließen sie sich verhältnismäßig einfach abbauen, verarbeiten und dann verkaufen. Daran hat sich bis heute nichts geändert. So machen clevere und fleißige Schwaben seit Jahrhunderten aus Steinen nicht nur Schotter und Kies fürs Bauen, sondern auch für den Geldbeutel.

In der Gegend von Heidenheim entdeckten Älbler eines Tages fettglänzende Teile in Kalksteinen. Sie fanden heraus, dass es sich um Bohnerz handelte, das sich zu Eisen verarbeiten ließ. Das taten unsere Vorfahren dann auch und bauten in Königsbronn ein kleines Hüttenwerk, das im Jahr 1365 erstmals schriftlich erwähnt wurde. Damit ist es der älteste Industriebetrieb Deutschlands – und er stand nicht im Ruhrgebiet, sondern auf der Ostalb. Aus den bescheidenen Anfängen wurden im Lauf der Zeit die »Schwäbischen Hüttenwerke«, die an mehreren Standorten bis ans andere Ende der Alb, in Tuttlingen, Eisen produzierten. Zum Teil wurde es verkauft, zum Teil weiterverarbeitet. So entstand die metallverarbeitende Industrie. Und weil die Schwäbische Alb nicht nur reich an Steinen war, sondern auch an kreativen Köpfen, entwickelten sich »Spezialindustrien« wie Feinmechanik und Optik, Maschinenbau, Papierherstellung, chirurgische und medizinische Geräte.

Ein Lebensmotto der Älbler lautet: »No net hudla!« Deshalb waren und sind sie gerade für Arbeiten, die viel Fingerspitzengefühl verlangen, besonders geeignet. Auch wenn – getreu diesem Motto – der Übergang von der Agrar- zur Industriegesellschaft langsamer voran ging als in anderen deutschen Gebieten, so entstanden viele Firmen von Weltruf, die zunehmend Wohlstand auf die einst so karge Alb brachten.

Da sie mit ihren landschaftlichen Reizen inzwischen von Menschen aus aller Herren Länder als Urlaubsziel entdeckt wird, trägt auch der Tourismus seinen Teil dazu bei, dass die Älbler heute keine Steine mehr aus den Äckern lesen müssen. Freiwillig beschäftigen sie sich mit Steinen – wie viele Touristen – in stillgelegten Steinbrüchen und sogenannten »Klopfplätzen«, wo sie nach Fossilien suchen. Dabei hoffen schon Kinder, einen schwäbischen Saurier zu finden. Wer dieses Glück nicht hat, kann in mehreren Museen, zum Beispiel in Dotternhausen bei Balingen oder in Holzmaden, beeindruckende Exemplare sehen.

5€
5€
M. ToMicek

Auf diese Steine können Sie bauen

Was haben Wüstenrot, Leonberg und Schwäbisch Hall gemeinsam? Na?

Alle drei liegen in Württemberg.

Richtig, aber das gilt für Hunderte andere Städte und Gemeinden auch. Das wäre also nichts Besonderes.

Für alle, die immer noch nicht drauf gekommen sind, hier ein kleiner Tipp: Es hat etwas mit Bauen zu tun.

Ach so! In den drei Orten gibt's Bausparkassen.

Genau! Noch genauer: In Leonberg gab's eine Bausparkasse. Aber dazu später mehr.

Es geht hier also ums Bausparen. Und wer nur an »schaffe, schaffe, Häusle baue« denkt, wie den Schwaben seit jeher unterstellt wird, der muss ja wohl das Bausparen erfunden haben. Dieser Gedanke liegt nahe. Aber wie das im Leben manchmal so ist, nicht jeder Gedanke, der naheliegt, ist auch richtig. Denn in diesem Fall ist es wie bei Thomas Alva Edison, dem größten Erfinder aller Zeiten: Wenn man Leute fragt, was er denn alles erfunden habe, fällt den meisten zuerst die Glühbirne ein. Doch gerade die hat er genau genommen nicht erfunden, sondern bereits vorhandene Modelle »nur« so weit verbessert, dass seine Glühbirne viel länger brannte und billig herzustellen war. So ähnlich verhält es sich mit dem Bausparen.

Auch wenn die Schwaben selbst gern sehen würden, dass einer ihrer Vorfahren sich das Bausparen ausgedacht hat, es war nicht so – jedenfalls nicht ganz so. Im dritten Jahrhundert vor Christus, als das Schwabenland noch wüst und beinahe leer war, soll es nämlich im fernen China bereits eine Art Bausparsystem gegeben haben. Nun ja, das mag sein. Aber bis zu uns rumgesprochen hat sich das damals und auch Jahrhunderte später sicher nicht.

Zeitlich und räumlich näher, nämlich im englischen Birmingham, wurde im Jahr 1775 eine Gesellschaft gegründet, die man als erste Bausparkasse bezeichnen kann: »Ketley's Building Society«. Die Mitglieder dieser Gesellschaft sparten monatlich einen bestimmten Betrag in einen gemeinsamen »Topf« – oder neudeutsch ausgedrückt: in einen Kapitalfonds. Sobald genug drin war, erhielten die Mitglieder nacheinander den Betrag, den sie brauchten, um eine Wohnung zu kaufen oder ein Haus zu bauen. Ein Teil des Betrags bestand aus ihrem selbst eingezahlten Geld, ein anderer Teil war das Darlehen, das sie nach und nach wieder in den »Topf« zurückzahlen mussten.

Nach dieser Grundidee wurden in England und auch in den USA weitere Gesellschaften gegründet. Einen wichtigen Unterschied zum modernen Bausparen gab es allerdings: Wenn alle Mitglieder ein Eigenheim hatten, wurde die Gesellschaft wieder aufgelöst.

Die erste Bausparkasse in Deutschland hat der sozial sehr engagierte Pastor Friedrich von Bodelschwingh im Jahr 1885 in Bielefeld gegründet. Er nannte sie »Bausparkasse für Jedermann«. Wer wann die Bausparsumme zugeteilt bekam, wurde im Losverfahren ermittelt. Das sorgte bei den Mitgliedern verständlicherweise für Unmut, und Bodelschwinghs Bausparkasse verschwand bald wieder.

Der Siegeszug der Bausparkassen begann dann in den 1920er Jahren in den beiden oben genannten Gemeinden Wüstenrot und Leonberg. Dort machten sich zwei Männer unabhängig voneinander Gedanken, wie man die Wohnungsnot nach dem Ersten Weltkrieg am schnellsten beheben könnte: Georg Kropp und Christian Röckle. Wie von Bodelschwingh waren auch sie christlich geprägt und wollten vor allem den armen Menschen helfen.

Georg Kropp stammte aus Swinemünde an der Ostsee und lebte mit seiner Familie seit 1919 in Wüstenrot. Er arbeitete in verschiedenen Berufen, war auch Laienprediger der methodistischen Kirche – und strikter

Gegner des Alkohols. Im Jahr 1920 veröffentlichte er das Buch »Aus Armut zum Wohlstand«. Darin skizzierte er unter anderem seine Vorstellungen vom Bausparen. Und getreu seinem Lebensmotto »Taten, nicht Tinte, Werke, nicht Worte« beließ er es nicht bei der Tinte, sondern gründete ein Jahr später die »Gemeinschaft der Freunde Wüstenrot«, aus der später die »Bausparkasse Wüstenrot« wurde. In den ersten Jahren waren die Geschäftsräume in Kropps Haus, das heute ein Bauspar-Museum ist.

Im nur 60 Kilometer entfernten Leonberg gründete der Missionar und Prediger Christian Röckle 1924 den »Christlichen Notbund zur gegenseitigen Hilfe«. Dieser gemeinnützige Verein sollte Menschen in Notlagen helfen. Dabei musste es sich nicht unbedingt um Wohnungsnot handeln. Darum ging es erst, als fünf Jahre später die »Creditgenossenschaft« hinzu kam, aus der dann die »Leonberger Bausparkasse« wurde. Über seine Motive sagte Röckle, für ihn sei die Bausparkasse kein Geschäftsmodell, um Gewinne zu machen. Vielmehr sehe er darin »ein Reichgotteswerk«, das den Menschen helfen, vor allem aber »dem Reich Gottes dienen« solle.

Die Nachfolger der beiden »Gründungsväter« Kropp und Röckle sahen das dann doch etwas anders. Auch wenn der Grundgedanke des Bausparens ein sozialer war, nämlich vielen Menschen Wohneigentum zu ermöglichen, ging es zunehmend mehr oms Gschäft.

Und weil immer mehr Gschäftlemacher a guats Gschäft dren gseah hend, sind in den folgenden Jahren Bausparkassen, wie Pilze nach einem warmen Regen, aus dem Boden geschossen. Doch die meisten von ihnen wurden früher oder später von den größeren geschluckt.

Seit dem Jahr 2001 gibt es auch »die Leonberger« nicht mehr, sie wurde von »der Wüstenrot« übernommen, die ihren Sitz schon 1930 – gegen Kropps Willen – nach Ludwigsburg verlegt hatte, den Namen »Wüstenrot Bausparkasse« aber behielt. Nach der Fusion war sie die drittgrößte Bausparkasse in Deutschland. Die größte war damals – und ist es bis heute – die in Schwäbisch Hall. Sie wurde allerdings nicht in dieser Stadt gegründet, wie viele glauben, sondern in Köln als »Deutsche Bausparer AG, Bau-, Spar- und Entschuldungskasse«.

»Hä? Ond wiaso hoißt se noch jetzt so?«, werden manche vermutlich fragen.

Das kam so: 1934 wurde der Sitz in die Hauptstadt Berlin verlegt, weil man sich dadurch noch bessere Geschäfte erhoffte. Doch im Zweiten Weltkrieg wurde die Zentrale ausgebombt. Der Vorstand suchte nach einer neuen und möglichst sicheren Bleibe. Weil es enge geschäftliche Kontakte zur »Südunion Bausparkasse Stuttgart« gab, fiel die Wahl auf Schwäbisch Hall, das den Krieg weitgehend unbeschadet überstanden hatte. Dorthin wurde 1944 alles evakuiert, was an Mitarbeitern und Unterlagen noch da war. Nach dem Krieg blieben sie in dem schönen Städtchen am Kocher und nannten sich ab 1956 »Bausparkasse Schwäbisch Hall«. Seit 1962 werben sie mit dem bekannten Slogan »Auf diese Steine können Sie bauen«. Das tun jedes Jahr Hunderttausende in Deutschland.

Äffle und Pferdle

Wenn Kulturinteressierte »Lang Lang« lesen, meinen sie natürlich, dass es um den begnadeten chinesischen Pianisten gehe. Das ist möglich. Im Schwabenland kann damit aber auch jemand anders gemeint sein: die Brüder Lang Lang. Armin Lang hat nämlich vor rund sechzig Jahren zwei Comicfiguren erschaffen, die heute Kult im Ländle sind: 's Pferdle ond 's Äffle. Sein Bruder Volker Lang hat ihn dabei tatkräftig unterstützt. Viele Schwaben sind mit ihnen groß geworden und können manche Dialoge mitsprechen. Deswegen freuen sie sich, dass sie wieder da sind.

»Wiaso, send dia denn amol weg gsei?«

Gefühlt nicht, aber in Wirklichkeit schon, jedenfalls aus dem Fernsehen.

Angefangen hat alles Ende der 1950er Jahre als der damalige Süddeutsche Rundfunk für das neu entstehende Werbefernsehen etwas suchte, das zwischen den Werbespots für ein wenig Auflockerung sorgen sollte. Dafür wurde der Grafiker und Filmemacher Armin Lang beauftragt. Er machte sich zusammen mit seinem Bruder und dem Grafiker Werner Klein an die Arbeit. Weil Armin Lang die treibende Kraft und der kreative Kopf des Trios war, wird er als geistiger Vater von Pferdle und Äffle gesehen.

Im Stuttgarter Wappen galoppiert bekanntlich ein Pferd (das seit 1954 schon jeden Porsche ziert). Dieses sogenannte »Stuttgarter Rössle« brachte Lang und Co. auf die nicht besonders originelle Idee, es mit einem Pferd zu versuchen. Was sie dann zu Papier brachten, hatte allerdings noch keine Ähnlichkeit mit dem Pferdle, das heute jeder kennt. Es war noch schwarz-weiß und stolzierte auf stelzenartigen Beinen jeweils ein paar Sekunden in mehr oder weniger lustige Situationen hinein, die mit passenden Geräuschen und Musik unterlegt waren. Gesprochen wurde nicht, das Pferd war noch stumm. Obwohl die Szenen gern gesehen wurden, erkannten die Macher bald, dass die Möglichkeiten mit diesem Pferd begrenzt waren. Deshalb planten sie, ihm einen Partner oder eine Partnerin an die Seite zu stellen. Es gab Versuche mit verschiedenen Tieren, unter anderem mit einem Hamster und einem Elefanten. Schließlich entschieden sie sich für einen Affen. Der hat zwar weder schwäbische Wurzeln noch mit Stuttgart etwas zu tun, aber als dem Menschen ähnlichstes Tier schien er am besten geeignet für witzige Szenen.

1963 war das spätere Traumpaar zum ersten Mal zu sehen, immer noch farb- und sprachlos. Um die Zuschauer in den wenigen Sekunden zum Schmunzeln zu bringen, waren sie vor allem auf ihre Mimik angewiesen, die sie auch kräftig einsetzten.

Mit Einführung des Farbfernsehens im Jahr 1967 wurden die beiden nicht nur bunt, sondern wieder mal neu gestaltet. 's Pferdle bekam einen größeren Kopf und ging nun öfter auf zwei Beinen. 's Äffle wurde jeweils neu eingekleidet und insgesamt verschmitzter. 1974 durften sie nicht mehr nur einzelne Laute von sich geben, sondern richtig sprechen. Die Stimme und die Texte lieh ihnen dafür Armin Lang. Das tat er zuerst nach der Schrift, später in einem schönen breiten Schwäbisch – obwohl er gar kein Schwabe war, sondern aus Oberbayern stammte! Aber das merkten selbst die Urschwaben nicht.

Mit der Fähigkeit zum Sprechen veränderten sich die beiden wieder einmal und nahmen zunehmend menschliche Züge und Eigenschaften an. Dabei wurden die Rollen klar verteilt: 's Äffle war der etwas tollpatschige, kindliche und naive Kleine, der noch viel lernen muss; 's Pferdle war der erfahrene, kluge, manchmal auch altkluge, aber immer gutmütige Freund. Er nannte 's Äffle zwar ab und zu »Bachel«, »Sembel« oder gar »Huatsembel«, doch das waren keine Schimpfworte, sondern liebevolle Aufforderungen, noch mal über etwas nachzudenken.

Das tun sie oft gemeinsam, wie zum Beispiel im Clip, in dem sie sinnierend an einem Tresen sitzen. Langsam hebt 's Äffle den Kopf und sagt:

»Ach, isch des schee.«

»Wasele?«, fragt 's Pferdle.

»Dass mir zwoi Schwoba send.«

Damit ist in neun Sekunden das Wichtigste auf den Punkt gebracht.

Und was das Größte für richtige Schwaben ist, haben die zwei uf am Bänkle sitzend in folgendem Dialog auch geklärt:

»Was isch groß?«, fragt 's Äffle.

»A Elefant.«

»Ond was isch größer?«

»Schtuegert.«

»Was isch denn überhaupt 's Gröschte?«

»Lensa mit Schbätzle ond Saidawürschtle«, antwortet 's Pferdle und leckt sich dabei die Lippen.

Mit solchen Clips wurden die beiden im Ländle und darüber hinaus bei Jung und Alt immer beliebter. Und Sätze wie der vom Pferdle beim mühsamen Spaghettiessen: »Nägsch Mol kochsch ebbes Kürzers!« entwickelten sich zu geflügelten Worten.

1986 waren sie schon so populär, dass 's Pferdle als Maskottchen der Leichtathletik-Europameisterschaft durchs Neckarstadion traben durfte.

Im gleichen Jahr bekamen sie »Verstärkung«, obwohl sie die gar nicht nötig hatten: die Pudeldame Schlabbinchen aus der Kurpfalz. Sie sollte zur regionalen und geschlechtlichen Gleichberechtigung beitragen. Doch so sehr sich ihr Schöpfer auch bemühte, sie blieb im Schatten der beiden Schwaben.

Mit steigender Popularität wurden außer den üblichen Clips fürs Werbefernsehen auch längere Szenen produziert. Einmal will 's Pferdle dem »Mief von Stuttgart, Ulm ond Biberach« entfliehen, um »seinen Horizont zu erweitern«. 's Äffle kommt natürlich mit, Schlabbinchen nicht. Zum

Klassiker »Auf de schwäb'sche Eisebahne« legen sie einen flotten Tanz ins Abteil – bis nach zwei Minuten jemand die Notbremse zieht.

Noch berühmter als diese Nummer wurde der »Hafer- und Bananenblues«, der es bis in die deutschen Charts schaffte und den man einfach gehört haben muss.

1996 starb Armin Lang. Trotzdem produzierte die Firma LANG-FILM, nun geführt von seinem Sohn Armin Lang junior, noch ein paar Jahre neue Clips mit Peter Barkow als Sprecher. Doch im Jahr 2001 stellte der Südwestrundfunk (SWR) die Produktion weiterer Folgen ein. Die knapp 2.000 Äffle-und-Pferdle-Spots verstaubten allerdings nicht in den Archiven. Im Internet konnten sie von ihren unzähligen Fans angeklickt werden und wurden es zunehmend. Das blieb den Verantwortlichen im SWR nicht verborgen. Und nach 16 Jahren Fernsehpause hieß es im Mai 2017: Sie sind wieder da! Seither sind die beiden Kultfiguren immer freitags am Ende der Landesschau Baden-Württemberg zu sehen.

Außerhalb des Fernsehens haben die zwei mittlerweile ein dynamisches Eigenleben entwickelt, welches man im Internet auf ihrer Facebook-Seite und mit Merchandising-Artikeln wie Büchern, Tassen, Kalendern, Sprudelflaschen etc. verfolgen kann.

Wer in der Stuttgart City unterwegs ist, dem können sie sogar leibhaftig begegnen, als ziemlich große Plüschfiguren, in denen Menschen stecken – genannt Walking Acts. Wenn das Volker Lang und Heiko Volz sind, ihre aktuellen Stimmen, kann es sogar sein, dass sie den Hafer- und Bananenblues singen. Wer das erleben darf, kann von einer schwäbischen Sternstunde sprechen.

Äffle ond Pferdle

Bei ons em Land gibt's zwoi Kerle,
dia jeder Schwob, jede Schwäbin kennt.
De meischta freued sich wia Kender,
wenn ma d' Naama vo dena boide nennt.

Dr oi isch groß ond a Gscheidle,
dr ander isch naiv ond ao no klei.
's kommt selta vor, dass se schtreidet,
se kennet nemme ohne anander sei.

Äffle ond Pferdle send domit gmoint,
des isch sonnaklar.
Dia zwoi send Kult em ganza Schwobaland
ond so beliebt wia a Superschtar.

Nadirlich babblet di zwoi schwäbisch,
älles andre dät ned bassa.
Se brenged d' Leit mit ihra Schbrüch
landauf, landab emmer zom Lacha.

Äffle ond Pferdle send domit gmoint,
des isch sonnaklar.
Dia zwoi send Kult em ganza Schwobaland
ond so beliebt wia a Superschtar.

Se senged da Hafer- ond Bananenblues,
der isch em SWR bei de Top-Ten,
weil d' Leit em Schwobaland se möged,
send älle froh, dass mr se hend.

Äffle ond Pferdle send domit gmoint,
des isch sonnaklar.
Dia zwoi send Kult em ganza Schwobaland
ond so beliebt wia a Superschtar.

M.Tomicek

Die Autohauptstadt Deutschlands

»'s isch halt au nemme des«, kann man ältere Schwaben seufzend klagen hören, wenn sie im Ländle unterwegs sind. Das tun sie am liebsten im Auto, wenn irgend möglich in einem Daimler. Der ist für sie viel mehr als nur ein Mittel, um sich fortzubewegen; der Daimler ist ihr »heiligs Blechle«. Und so behandeln sie ihn auch. Er wird geputzt (selbst wenn er seit dem letzten Putzen in der Garage stand) und gepflegt wie ein besonders liebes Familienmitglied. Werktags wird er nur gefahren, wenn's obedengt sei muaß. Am Sonntag macht man dann und wann einen Ausflug oder besucht Verwandte. Beim Fahren tritt man aber sehr behutsam aufs Gaspedal, um ihn zu schonen und damit alle sehen können, was für ein schönes Auto man sich leisten kann.

Wenn solche Sonntagsfahrer dann miterleben müssen, was für Autos viele ihrer Mitmenschen fahren und wie sie diese behandeln, schütteln sie verständnislos den Kopf und seufzen: »'s isch halt au nemme des!«

Ein Grund für die besondere Beziehung, die Schwaben zum Auto haben, liegt vermutlich in Cannstatt, wo net bloß dr VfB seit iber hondert Johr dahoim ischt, sondern au dr Daimler.

Die Geschichte der ersten Automobile wurde schon oft erzählt, deswegen hier nur eine Kürzestfassung:

Im Jahr 1882 gründete der Schorndorfer Gottlieb Daimler in Cannstatt eine Werkstatt, in der er mithilfe seines Mitarbeiters Wilhelm Maybach einen neuartigen Motor entwickelte. Der sollte Fahrzeuge aller Art antreiben können, zu Lande, zu Wasser und in der Luft. Nach drei Jahren erreichten sie ein Zwischenziel: Ihr Benzinmotor bewegte ein hölzernes Zweirad – das erste Motorrad der Welt. Doch damit gaben sich die beiden noch längst nicht zufrieden und tüftelten weiter. Im Frühjahr 1886 kaufte Daimler dann eine Kutsche – nicht weil er aufgegeben hatte und sich nun von Pferden ziehen lassen wollte. Ganz im Gegenteil: In die Kutsche bauten sie den inzwischen 1,5 PS starken Motor ein und »sausten« mit einer Höchstgeschwindigkeit von 12 Kilometern pro Stunde über die noch holprigen Cannstatter Straßen.

Überzeugten Schwaben täte es natürlich saumäßig gut, wenn sie sagen könnten, ihre Landsmänner Daimler und Maybach hätten damit das erste Auto auf die Straße gebracht. Aber so oifach isch dia Sach leider net.

Denn zur gleichen Zeit arbeitete im 130 Kilometer entfernten Mannheim der Ingenieur Carl Benz daran, »ein Fahrzeug herzustellen, das ohne Pferde, ähnlich wie die Züge auf den Schienen, sich auf der Landstraße schienenlos bewegt«.

Dr Benz en Mannheim! Ja wia? Dr Benz ghört doch zom Daimler ond der ischt zom Glück net em Badische, sondern en Schtuegert.

Langsam, langsam, dieses Durcheinander soll gleich entwirrt werden.

Also: Carl Benz arbeitete trotz vieler Rückschläge jahrelang an der Verbesserung seines Fahrzeugs. Mehrfach stand er vor dem Ruin, und nach eigenen Aussagen hätte er ohne seine Frau Berta nicht durchgehalten. Sie machte ihm immer wieder Mut – und er schaffte es! Im Januar 1886 meldete er sein Fahrzeug mit Benzinmotor, elektrischer Zündung und Wasserkühlung beim Patentamt an. Damit war er eine Nasenlänge vor seinen Konkurrenten Daimler und Maybach.

»A wa, dem sei Kischta hot jo bloß drei Räder ghet, ond isch gar koi richtigs Auto gsei«, wird manch kundiger Schwabe hier einwenden.

Da ist was dran. Aber a richtigs Auto war das von Daimler und Maybach auch noch nicht. Es gab noch viele Probleme, weshalb es sowohl in Mannheim als auch in Stuttgart nur stockend vorwärts ging. Und es kam noch schlimmer: Nach dem Ersten Weltkrieg und den schwierigen 1920er Jahren kämpften beide Firmen ums Überleben. Da mischte sich die Deutsche Bank ein, weil sie um ihre Kredite fürchtete. Eine große Autofirma schien ihr erfolgversprechender als zwei konkurrierende kleine. So kam es 1926 durch die Fusion der Daimler-Motoren-Gesellschaft mit der Firma Benz & Cie. zur Daimler-Benz AG mit Sitz in Stuttgart. Das erlebte Gottlieb Daimler allerdings nicht mehr; er war bereits 1900 verstorben.

Die Würfel waren also für Stuttgart gefallen. Doch bis die Schwabenmetropole zur Autohauptstadt Deutschlands und Europas wurde, bedurfte es noch einiger glücklicher Zufälle – wenn es denn solche überhaupt gibt.

Einer war, dass Robert Bosch im Jahr 1886 eine »Werkstätte für Feinmechanik und Elektrotechnik« gegründet hatte und mit seinen Mitarbeitern nun dafür sorgte, dass der Funke in den Automotoren auch zuverlässig übersprang.

Noch wichtiger war, dass der aus Böhmen stammende Ferdinand Porsche nach einigen Umwegen im Jahr 1923 als Leiter des Konstruktionsbüros und Vorstandsmitglied zu Daimler in Stuttgart gekommen war. Fünf Jahre später verließ er die Firma im Streit und machte sich selbstständig.

1933 übernahmen die Nazis die Macht in Deutschland. Sie wollten ein einfaches, preiswertes Auto bauen lassen, das sich möglichst viele Deutsche leisten konnten, einen »Volkswagen«. Mehrere Hersteller reichten Pläne dafür ein, auch Ferdinand Porsche. Er bekam den Auftrag, obwohl er nur ein Konstruktionsbüro und noch keine Produktionsräume hatte. So baute er mit seinen Mitarbeitern die ersten Prototypen des »Volkswagen« in einer Stuttgarter Garage zusammen. Weil es den Nazis zu langsam voranging, musste Daimler-Benz 1937 die Vorserienmodelle für Ferdinand Porsche bauen. Auch wenn die »Volkswagen« später in Wolfsburg produziert wurden und werden, ihre Wiege steht in Stuttgart.

Mit dem Geld, das ihnen der »Volkswagen« einbrachte, wollten Ferdinand Porsche und mehr noch sein Sohn Ferry nach dem Zweiten Weltkrieg ihren Traum verwirklichen: die Entwicklung und Produktion eines Sportwagens. Die Anfänge hat der Seniorchef noch mitgestaltet; nach seinem Tod 1951 wurde Ferry Porsche zum kreativen Kopf des Porsche-Werkes im Stuttgarter Stadtteil Zuffenhausen. Unter seiner Leitung entstand das erste Serienmodell, der Porsche 356 – von dem heute nur noch Porsche-Fans wissen, wie er aussah. Das Modell, das fast jeder kennt, erblickte 1963 das Scheinwerferlicht der IAA in Frankfurt, der legendäre 911er. Er wurde zu einem der erfolgreichsten Sportwagen überhaupt – und zum Traum von Millionen Männern in der ganzen Welt.

Damit man sieht, woher diese heißbegehrten Autos kommen, trägt jeder Porsche seit 1954 ein Wappen auf der Fronthaube. Es ist eine Mischung aus den Wappen von Württemberg-Hohenzollern und dem Stuttgarter Wappentier, einem schwarzen Pferd. Für alle, die beides nicht kennen, steht mittendrin noch »Stuttgart« – dass au dr Letscht begreift, wo dr Porsche gmacht wird.

Wo spielt der VfB?

Viele VfB-Fans und die Fans der gegnerischen Mannschaften reden vom Neckarstadion, wenn sie zu einem Fußballspiel nach Bad Cannstatt pilgern. Bad Cannstatt? Das größte Stadion im Schwabenland und die Heimat des VfB Stuttgart liegt in Bad Cannstatt und nicht im richtigen Stuttgart! Na, das erklärt manches!

Aber bleiben wir zuerst mal beim Namen des Stadions, das viele Fußballfans auch heute noch Neckarstadion nennen – obwohl es offiziell seit 1993 nicht mehr so heißt und auch zuvor lange Zeit nicht so hieß.

Erbaut wurde es von 1929 bis 1933 als »Stuttgarter Kampfbahn« für das 15. Deutsche Turnfest. Weil die Nazis seit 1933 die Macht im Land hatten, wurde die »Stuttgarter Kampfbahn« kurzerhand in »Adolf-Hitler-Kampfbahn« umbenannt. Zu dem Turnfest kamen damals kaum fassbare 600.000 Besucher, von denen 120.000 sogar aktiv teilnahmen. Das waren noch Zeiten, werden jetzt manche vermutlich sagen – und ganz Unterschiedliches meinen.

Fußball wurde in jenen Zeiten in Stuttgart zwar schon gespielt, aber anfangs noch nicht in der »Adolf-Hitler-Kampfbahn«. Nur weil sich die VfB-Oberen mit den Nazis gut stellten, durfte die Mannschaft 1936 von ihrem Sportplatz »Bei den drei Pappeln« in die »Adolf-Hitler-Kampfbahn« umziehen.

Seither kämpft der VfB Stuttgart also in Cannstatt, das 1933 den Bad-Titel erhalten hatte.

Bis sich der VfB den ersten Titel an die stolze Schwabenbrust heften konnte, dauerte es noch etliche Jahre. Erst musste das Tausendjährige Reich von den Alliierten in die Knie gezwungen werden. Dabei wurde auch die »Adolf-Hitler-Kampfbahn« so zugerichtet, dass sie mehr Ähnlichkeit mit einer Mondlandschaft als mit einem Sportplatz hatte. Kicken konnte dort niemand – falls jemand in den Kriegszeiten überhaupt an Fußball dachte.

Nach dem Krieg hatten die Amerikaner in Stuttgart das Sagen und tauften die »Adolf-Hitler-Kampfbahn« auf den für Schwaben unaussprechlichen Namen »Century Stadium« um. Das verstanden die meisten ebenso wenig wie das, was nun dort gespielt wurde: Football. Das klang zwar so ähnlich wie Fußball, sah für die Einheimischen jedoch aus wie ein Spiel von einem anderen Stern. Allein schon der Ball! Das war überhaupt kein Ball, sondern ein Ei! Kein Mensch konnte mit so einem Ball-Ei Fußball spielen. Deswegen waren die Stuttgarter auch nicht traurig, dass sie zunächst draußen bleiben mussten.

Zum Glück für sie dauerte dieser Zustand nur wenige Jahre. 1949 erhielt das Stadion dann den Namen, den heute noch viele Fußballfans im Kopf haben: Neckarstadion. Und fortan durfte auch der VfB dort wieder richtig Fußball spielen und tat das sehr erfolgreich. Am 25. Juni 1950 gewann er das Endspiel gegen die Offenbacher Kickers und konnte sich zum ersten Mal Deutscher Meister nennen. Die Namen der damaligen Helden lesen sich wie aus uralten schwäbischen Stammbäumen:

Otto Schmid, Erich Retter, Richard Steimle, Ernst Otterbach, Josef Ledl, Karl Barufka, Erwin Läpple, Robert Schlienz, Walter Bühler, Otto Baitinger, Rolf Blessing.

Einzig der Name Barufka schlägt etwas aus der Art, aber dafür entschädigt sein bodenständiger Vorname Karl.

Wenn wir mal kurz einen Sprung zu der letzten Meistermannschaft des VfB Stuttgart ins Jahr 2007 machen, wird schon an den ganz anderen Namen deutlich, dass die Globalisierung auch den Profifußball am Wickel hat:

Timo Hildebrand, Arthur Boka, Matthieu Delpierre, Fernando Meira, Ludovic Magnin, Serdar Taşçi, Ricardo Osorio, Roberto Hilbert, Sami

Khedira, Antônio da Silva, Thomas Hitzlsperger, Pável Pardo, Mario Gómez, Marco Streller, Cacau.

Aber zurück ins Jahr 1950 und ins Neckarstadion, wo am 22. November das erste Fußball-Länderspiel nach dem Zweiten Weltkrieg stattfand. Gegner war die Schweiz. Es war ein trüber, kalter Buß- und Bettag, doch das hielt die Schwaben nicht davon ab, massenhaft ins Stadion zu strömen. Nach den fußballerischen Entbehrungen während des Zweiten Weltkrieges und in den Jahren danach fieberten sie diesem Spiel entgegen. Vorsorglich waren zusätzliche Tribünen aufgebaut worden, um den erwarteten Ansturm meistern zu können.

103.000 Zuschauer, so lautete später die offizielle Angabe – weil mehr nicht erlaubt waren. Aber tatsächlich sollen es mehr als 120.000 gewesen sein, die sich in das weite Rund drängten. Quetschten wäre vielleicht treffender, denn auf den Rängen kam es viel häufiger zu Quetschungen als auf dem Rasen: Laut Polizeibericht gab es 28 Schwer-, 240 Mittel- und Leichtverletzte, dazu heftige Verwüstungen im Stadion. Der »Sportbericht« schrieb am nächsten Tag: »Hier war keine Luftmine niedergegangen. Nur ein Fußballspiel hatte stattgefunden.« Nie wieder wurde im Neckarstadion so leidenschaftlich gekämpft – jedenfalls nicht auf den Zuschauerrängen.

44 Jahre durfte das Stadion seinen Namen behalten. In dieser Zeit erlebte es zahlreiche Umbauten und Modernisierungen, was die Stadt viel Geld kostete; zu viel, wie manche sparsamen Schwaben meckerten. Da hatte Oberbürgermeister Manfred Rommel eine Idee – die er allerdings nicht in die Welt hinausposaunte: Das größte und bekannteste schwäbische Unternehmen, die Daimler-Benz AG, könnte doch ein paar Millionen springen lassen und damit den Stadtsäckel entlasten.

Als Gegenleistung bot er an, das Neckarstadion in Gottlieb-Daimler-Stadion umzubenennen. »Des koscht jo nix«, wird sich der gewitzte OB gedacht haben. Allerdings ahnte er wohl, dass seine Stuttgarter davon nicht begeistert sein würden. Deshalb sollte die Sache vorerst nicht ans Licht der Öffentlichkeit. So schloss die Stadt Stuttgart 1992 einen Geheimvertrag mit der damaligen Daimler-Benz AG, der eine Umbenennung des Stadions »auf unbeschränkte Laufzeit« vorsah.

10 Millionen DM ließen sich die Daimlers den Deal kosten. Als er bekannt wurde, konnten die Stuttgarter zwar bruddla, aber nichts mehr ändern. Damit hatte Stuttgart das erste Stadion in der Fußball-Bundesliga, das einen Firmennamen trug – und wurde zum Wegbereiter für das Stadion-Sponsoring, das inzwischen auch den letzten Zipfel im Land erreicht hat.

10 Millionen Mark waren damals viel Geld. Die Stadtväter klopften sich selbst und gegenseitig auf die Schultern, weil sie glaubten, besonders clever gewesen zu sein. Doch da irrten sie sich gewaltig, denn der Preis für die Namensrechte stieg bald rasant. So erhalten die großen Bundesligavereine heute pro Jahr zwischen drei und sechs Millionen Euro – während die Stadt Stuttgart und der VfB leer ausgehen, weil der Vertrag eine unbeschränkte Laufzeit vorsieht.

Am 30. Juli 2008 bekam das Gottlieb-Daimler-Stadion wieder mal einen neuen Namen: Mercedes-Benz Arena. Und in den folgenden Jahren wurde diese Arena zu einem reinen Fußball-Stadion umgebaut. Dabei machten die Stuttgarter etwas, was man sonst nur von Autonarren kennt: Die legen ja gern mal etwas tiefer. Auch das Spielfeld der neuen Mercedes-Benz Arena wurde wie so mancher Mercedes tiefer gelegt, und zwar um 1,30 Meter. Das tat man, um die Zahl der Zuschauerplätze zu erhöhen.

Seither spielt der VfB also in dieser tiefer gelegten Arena. Aber schneller ist ihr Spiel dadurch nicht geworden, im Gegenteil: Am Ende der Saison 2018/19 stieg die Mannschaft zum dritten Mal in der Vereinsgeschichte ab. Bis die Fans im Neckarstadion, das zurzeit Mercedes-Benz Arena heißt, wieder Spitzenfußball zu sehen bekommen, wird es wohl noch eine Weile dauern.

Hacke, Schpitze …

Dr Ball goht mol daneba,
mol fliagt dr weit ens Aus,
draußa wird bled glacht,
bloß selta gibt's Applaus.
Dr Schiri pfeift Abseits,
obwohl's gar kois war,
dass mi des richtig ärgert,
isch wohl jedem klar.

Mi sieht mol wieder koiner
ond koiner spielt mi a.
Wie soll i denn so zeiga,
was i wirklich ka.
I grätsch oin om,
der schreit laut auf ond fällt.
Jetzt han i's ganz vermasselt,
dr Schiri zeigt mr gelb.

Linker Fuaß, rechter Fuaß,
ich woiß, wo dr Ball nei muaß.
Ens Tor treff i natirlich au
mit am Kopf und mit am Bauch.
Hacke, Schpitze, ois, zwoi, drei,
des isch koi Zauberei.

Dr Torwart schmeißt da Ball,
dass i ehn schtoppa ka,
i renn blitzschnell los,
omspiel zwoi, drei Ma.
'S Gschroi vom meim Trainer
han i no em Ohr,
drom knall i jetzt da Ball
voller Wuat ens Tor.

Linker Fuaß, rechter Fuaß,
ich woiß, wo dr Ball nei muaß.
Ens Tor treff i natirlich au
mit am Kopf und mit am Bauch.
Hacke, Schpitze, ois, zwoi, drei,
des isch koi Zauberei.

Ein wahrer Held

Selten wurden über einen Menschen wohl so viele Lügengeschichten erzählt wie über Georg Elser. Und warum? Weil sich kaum jemand vorstellen konnte, dass ein Schreiner aus dem schwäbischen Königsbronn ganz allein das Attentat auf Adolf Hitler im Münchner Bürgerbräukeller geplant, minutiös vorbereitet und ausgeführt hat. Er müsse Auftraggeber, Hintermänner, Helfershelfer oder was auch immer gehabt haben. Allein hätte das niemand leisten können, schon gar nicht ein gewöhnlicher Schreiner, der nur die Volksschule besucht habe.

Wer war nun dieser Mann, der etwas so ganz und gar Unfassbares geschafft hat?

Georg Elser wurde am 4. Januar 1903 in dem kleinen Ort Hermaringen bei Giengen an der Brenz geboren. Ein Jahr nach seiner Geburt zog die Familie nach Königsbronn, wo Georg in einfachen Verhältnissen aufwuchs. Nach der Schule begann er eine Lehre als Dreher, die er aus gesundheitlichen Gründen abbrechen musste. Dann fing er bei einem Schreiner an, bestand die Gesellenprüfung 1922 als Jahrgangsbester und arbeitete anschließend drei Jahre in verschiedenen Schreinereien. Weil die Ostalb damals noch eine ziemlich arme Region war, ging Elser 1925 auf Wanderschaft, um »auf der Walz« Neues zu lernen und anderswo mehr zu verdienen. Sieben Jahre lebte und arbeitete er rund um den Bodensee, unter anderem in einer Konstanzer Uhrenfabrik.

Später wurde oft behauptet, Elser sei ein eigenbrötlerischer, verschlossener Sonderling gewesen. Nach Aussagen von Freunden und Arbeitskollegen traf das nicht zu. Er sei zwar ein ruhiger, aber dennoch geselliger Mensch gewesen. Gern spielte er mit seiner Zither für die Leute und galt als flotter Bursche. Die Frauen mochten ihn, und er mochte die Frauen.

Bis in die 1930er Jahre führte Elser ein Leben wie Millionen andere auch. Er ging zurück nach Königsbronn, und nichts deutete darauf hin, dass er »aus der Reihe tanzen« würde. Das änderte sich erst, als die Nazis 1933 die Macht in Deutschland übernahmen. Nach Augenzeugenberichten verweigerte er von Anfang an den Hitlergruß und verließ den Raum, wenn Hitler-Reden im Rundfunk übertragen wurden. Dazu gehörte damals eine Menge Zivilcourage. Elser war gegen die Nazis, weil er sehr früh erkannte, dass ihre Politik die Lebensbedingungen der Arbeiter verschlechterte, auch wenn die offizielle Propaganda das Gegenteil behauptete – und viele Leute das glaubten.

Spätestens 1938 war Elser überzeugt, dass Hitler einen Krieg vorbereiten ließ. Der konnte seiner Meinung nach nur noch verhindert werden, »wenn de ganz Führong beseitigt wuird. Do hab i Dag ond Nacht dra denka müssa«. So hat Elser es bei einem späteren Gestapo-Verhör zu Protokoll gegeben. Mit Führung meinte er Hitler, Göring und Goebbels.

Es hat in Deutschland sicher noch mehr Menschen gegeben, die dachten oder sagten, man müsste Hitler töten. »Man«. Elser hoffte nicht auf das unverbindliche »Man«, sondern sagte »Ich« – genauer: »I«. »I muaß des doa.«

»Dag ond Nacht« beschäftigte ihn nun also die Frage, wo und wie er alle drei am sichersten »beseitigen« konnte. Irgendwann hatte er die Idee mit dem Bürgerbräukeller in München. Denn er wusste, dass die Nazis dort jedes Jahr am 8. November eine Versammlung abhielten, bei der die gesamte Führung anwesend war. Also fuhr Elser nach München, um sich alles mal aus der Nähe anzusehen. Die Räumlichkeiten schienen ihm geeignet, und er beschloss, genau hier im nächsten Jahr die NS-Führung in die Luft zu sprengen. Diesem Vorhaben ordnete er alles unter.

Zurück in Königsbronn begann er sofort mit den Vorbereitungen. Zu dieser Zeit arbeitete er in einer Heidenheimer Armaturenfabrik. Von dort nahm er nach und nach mit, was er brauchen konnte, darunter einige Zünder.

Im April 1939 fuhr er erneut nach München und versuchte, im Bürgerbräukeller eine Arbeit zu bekommen, was aber nicht klappte. Trotzdem gelang es ihm, die Säule zu vermessen, in die er die Bombe einbauen wollte.

Weil er Sprengstoff brauchte, arbeitete er nun einige Wochen im Königsbronner Steinbruch und stahl dort Sprengpatronen und Sprengkapseln. Dann bastelte er »Versuchsbomben«, die er Schritt für Schritt verbesserte. Als er sicher war, dass seine »Höllenmaschine« funktionieren würde, zog er im August nach München. Tagsüber arbeitete er dort gelegentlich für Handwerker, abends ließ er sich nach Lokalschluss unbemerkt im Bürgerbräukeller einschließen. In mühevoller Arbeit auf den Knien versuchte er, die Säule neben dem Rednerpult so weit auszuhöhlen, dass seine Bombe hineinpasste.

Er war noch längst nicht fertig, als am 1. September 1939 mit dem Überfall Deutschlands auf Polen der von ihm vorausgeahnte Krieg begann. Da wusste Elser, dass er nicht aufgeben und nicht versagen durfte, wenn er »no größers Bluatvrgiaßa« verhindern wollte. Und das wollte er unbedingt.

Nach mehr als 30 ungeheuer anstrengenden Nächten war er am Ziel und setzte seine »Höllamaschee« in den Hohlraum. Den lange ausgeklügelten Zündapparat mit zwei Uhrwerken stellte er am frühen Morgen des 6. November auf den 8. November, 21.20 Uhr ein. Weil er ganz sicher gehen wollte, ließ er sich in der folgenden Nacht noch einmal einschließen, um zu hören, ob die Bombe auch tickte.

Danach verließ er München in Richtung Konstanz, wo er über die Grenze in die Schweiz wollte.

Am Abend redete Hitler kürzer als üblich und verließ schon um 21.07 Uhr den Bürgerbräukeller. Exakt 13 Minuten später explodierte Elsers Bombe, tötete acht Menschen und verletzte mehr als 60, zum Teil sehr schwer.

An der Grenze fiel Georg Elser zwei deutschen Zollbeamten auf, weil seine Papiere abgelaufen waren. Sie kontrollierte ihn genauer und fanden in seiner Tasche einige Gegenstände, die ihnen verdächtig erschienen; unter anderem Metallteile und eine Ansichtskarte des Bürgerbräukellers. Die Zollbeamten übergaben Elser der Gestapo in Konstanz. Von dort wurde er nach München gebracht, tagelang verhört und dabei gefoltert, sodass er bald gestand, der Attentäter zu sein. Nach und nach erzählte er alles, doch niemand glaubte ihm, dass er allein gehandelt habe – siehe oben.

Die Nazis ließen Elser vorerst am Leben, weil sie ihn nach dem »Endsieg« in einem Schauprozess vorführen und zum Tod verurteilen wollten. Als abzusehen war, dass es mit dem »Endsieg« nichts würde, erschoss ihn ein SS-Mann am 9. April 1945 im KZ Dachau.

Im Nachkriegsdeutschland hat es lange gedauert, bis Georg Elser als ein Mann gewürdigt wurde, der wirklich ein Held war. Mit seiner logistischen, technischen und handwerklichen Meisterleistung wäre es diesem ungewöhnlichen Schwaben beinahe gelungen, der Weltgeschichte einen anderen Verlauf zu geben – es fehlten ganze 13 Minuten!

»Bereuen Sie wenigstens ihre Tat?«, war er in einem Verhör gefragt worden.

»Jo – weil: Se hot jo net fonktioniert.«

Was für eine Antwort ins Gesicht eines Nazis.

Wer hat's erfunden?

Jahrelang produzierte die Schweizer Firma Ricola Werbespots für ihre Kräuterbonbons, in denen irgendwann immer ein Schweizer auftauchte und fragte: »Wer hat's erfunden?«

Mit der Zeit wurde die Frage zu einem geflügelten Wort.

»Kräuterbombole, ja ond? Als ob des a Konscht wär! Mit so ebbes beschäftigt sich a Schwob gar net. Schwoba hend viel wichtigere Sacha erfonda!«

Ohne den Schweizern zu nahe zu treten, darf man wohl sagen: Das stimmt. Dicke Bücher wurden schon über Erfinder aus dem Schwabenland geschrieben. Weil wir hier nicht so viel Platz haben, greife ich mal einen heraus.

In Tumlingen, einem Dorf zwischen Horb und Freudenstadt, lebte Artur Fischer mit seiner Frau Rita in einer kleinen Wohnung. Er hatte Schlosser gelernt und sich nach dem Zweiten Weltkrieg eine Werkstatt eingerichtet. Neben den Aufträgen, mit denen er den Lebensunterhalt verdiente, tüftelte er an Lösungen von Problemen herum, die im Alltag auftraten.

So wünschten sich seine Frau und er an Weihnachten 1948 ein Familienfoto mit der sechs Monate alten Tochter und bestellten dafür eine Fotografin. Wie damals üblich, brachte sie für die Aufnahme einen mit Blitzpulver gefüllten Beutel mit. Den wollte sie anzünden, damit die Stichflamme den Raum erhellte. Das war Fischer in der kleinen Wohnstube zu gefährlich. Also gab es kein Familienfoto – aber dafür eine neue Aufgabe. »Ich hatte überhaupt keine Ahnung von Fotografie. Aber ich wusste, dass es ein Unsinn ist, wenn man eine Blitzkugel an einer Schnur aufhängt und dann mit einem Streichholz anzündet, die Kamera einstellt,

Verschluss aufmacht, und dann sollen die Leute noch ein anständiges Gesicht machen.«

Er grübelte darüber nach, wie das anders gemacht werden konnte – und meldete ein halbes Jahr später sein erstes Patent an: ein »Magnesiumblitzlichtgerät für Photoapparate«. Dieser Synchronblitz vereinfachte das Fotografieren ungemein und machte Aufnahmen mit Blitzlicht ungefährlich.

Die Firma Agfa, damals führend in der Fotobranche, kaufte die Rechte, und Artur Fischer verdiente zum ersten Mal Geld mit einer Erfindung.

Zehn Jahre später löste er wieder ein Problem: Die meisten Erwachsenen haben vermutlich schon mal ein Loch in eine Wand gebohrt, um anschließend eine Schraube reinzudrehen. Dass die auch hielt, war bis in die 1950er Jahre nicht sicher, egal welche Technik und Tricks man anwendete. Das nervte auch Artur Fischer. Und wie immer, wenn ihn etwas nervte, meckerte er nicht nur herum, sondern fing an zu überlegen und zu tüfteln. Später erzählte er, an einem Samstag im Jahr 1958 habe er mit Feile, Säge und Bohrmaschine einen neuartigen Kunststoff so lange bearbeitet, bis ein kleines rundes Ding mit Haken und Ösen vor ihm lag: der Ur-Dübel. Den hat er noch verfeinert und dann mithilfe einer Maschine in seiner Fabrik die ersten Dübel hergestellt. Schnell zeigte sich, dass diese eigenartigen Kunststoffteile bei Hand- und Heimwerkern sehr gut ankamen, weil sie das Dübeln viel einfacher, sicherer und billiger machten als alle anderen Methoden; und weil die Schrauben mit dem »Fischer-Dübel« selbst in Betonwänden hielten. Das tun sie bis heute. Weil sie in der ganzen Welt begehrt sind, werden täglich 14 Millionen Stück produziert. Sie stecken milliardenfach in Wänden und Decken weltweit und sorgen dafür, dass zusammenhält, was seiner Natur nach nicht zusammenpasst: Stein und Schraube.

Die Erfindung des Dübels und der Ausbau von Fischers Fabrikle zu den Fischer-Werken, die heute weltweit etwa 5.000 Mitarbeiter beschäftigen, hätte für ein Leben eigentlich schon gereicht.

Aber a reachter Schwob wia dr Artur Fischer ka halt net nix doa, au wennr sich's leischte kennt.

Also grübelte und erfand er weiter, in seinem Forschungslabor ebenso wie beim Spazierengehen »und gar nicht so selten unter der Brause. Wenn das Wasser da oben runterkommt und ich dusche mich morgens, dann bin ich alleine. Dann bin ich mit dem Wasser total allein. Und niemand stört mich. Und da kann es sein, dass meine Frau kommt und sagt: Heute gehst du wohl nicht ins Geschäft. Ich sag': Mir ist gerade was eingefallen, oder: Ich arbeite noch daran. Da kann es also sein, dass ich eine Stunde oder zwei Stunden unter der Dusche stehe, das merke ich überhaupt nicht. Das ist die Freiheit, nichts um sich herum zu haben, sondern einfach hineinzuträumen, der Lösung entgegen.«

Dass hier keine falschen Hoffnungen geweckt werden: Net jeder, wo lang duscht, wird zom Erfender – a bissle meh ghört scho drzua.

Was Artur Fischer unter der Brause alles eingefallen ist, weiß niemand. Vielleicht auch das originelle Geschenk, das er den Kindern seiner Geschäftspartner zu Weihnachten 1964 machen wollte. Dafür »bastelte« er etwas. Die Ausländer werden jetzt denken: Da sieht man's wieder, auch ein wohlhabender Schwabe bastelt Geschenke, damit sie möglichst wenig kosten.

A wa, ihr hend doch koi Ahnong!

Artur Fischer hatte ganz andere Motive: Er wollte etwas zum Spielen machen, das die Kreativität und das technische Verständnis der Kindern fördern sollte. So stellte er aus Kunststoff Bausteine her, die durch Nut und Feder auf vielerlei Weise miteinander verbunden werden konnten. Die Rückmeldungen waren so positiv, dass er sich sofort daran machte, das System zu Baukästen auszubauen. Im Frühjahr 1966 gab es diese dann als »fischertechnik« zu kaufen. Der Erfolg gab dem »Dübel-König«, wie er inzwischen genannt wurde, wieder einmal recht. Seither wurde das Baukastenprogramm ständig erweitert und zum zweiten Standbein der Fischer-Werke.

Außer dem Dübel, dem Synchronblitz und der »fischertechnik« hat Artur Fischer noch über tausend weitere Dinge erfunden. Das machte ihn zu einem der produktivsten Erfinder auf der ganzen Welt. Sein Motto lautete immer: Geht nicht, gibt's nicht! Bis ins hohe Alter blieb er »der neugierige Bub aus Tumlingen«, der nach Lösungen für Alltagsprobleme suchte und Kindern auf spielerische Weise technisches Verständnis vermitteln wollte.

Was ein Erfinder seiner Meinung nach braucht, fasste er einmal so zusammen: »Das Grüblerische gehört dazu; der Ehrgeiz, etwas G'scheites zu machen. Man muss sich selber in die Zange nehmen können; muss seinen Weg gehen, und zwar nicht den leichten, den andere vielleicht schon erprobt haben, sondern den eigenen! Und sicherlich gehört dazu das Eigenbrötlerische und ein Schuss Sturheit – was man ja uns Schwaben nachsagt.«

M.T.Micek

Carl Laemmle presents

»Yes we can« war im Jahr 2008 der Wahlkampf-Slogan von Barack Obama. Dieser Slogan wurde weltweit zum geflügelten Wort. Mehr als hundert Jahre zuvor hatte es schon mal einen Mann gegeben, dessen Lebensmotto ein ähnlich klingender Satz war: »It can be done.« Dieser Mann hieß Carl Laemmle und stammte aus Laupheim.

»Ond wiaso hot der noch englisch gschwätzt?«, wird sich jetzt vermutlich mancher fragen.

Das ist eine lange Geschichte, die noch märchenhafter klingt als der Aufstieg des Afroamerikaners Obama zum Präsidenten der Vereinigten Staaten. Wenn sie nicht nachweisbar wahr wäre, hielte jeder sie für maßlos übertrieben oder erfunden.

Geboren wurde er am 17. Januar 1867 in Laupheim als Karl Lämmle – weil ein richtiger oberschwäbischer Karl mit K und nicht mit C geschrieben wurde. Und Lämmle mit ae gab es damals in Oberschwaben auch nicht.

Karl hatte zwölf Geschwister, von denen acht schon im Kindesalter starben. Die jüdische Familie lebte in ärmlichen Verhältnissen, weil der Vater als Vieh- und Weinhändler nicht genug verdiente. Das Geld war immer knapp und reichte nicht für eine gute Schulausbildung der Kinder. Karl wurde nach ein paar Jahren Lateinschule aber nicht gleich »zom Schaffe gschickt«, sondern durfte mit 13 wenigstens eine Kaufmannslehre beginnen.

Während der Lehrzeit hörte er immer wieder Geschichten von Auswanderern, die in Amerika ihr Glück gefunden hatten. Und seit auch sein älterer Bruder Josef die Heimat in Richtung Chicago verlassen hatte, träumte Karl davon, ihm zu folgen. Doch die Mutter wollte ihn nicht auch noch verlieren. Sie und Karl hatten ein sehr inniges Verhältnis, deswegen traf ihn ihr früher Tod besonders hart. Nun wollte er weg von Laupheim, wo ihn alles an seine geliebte Mutter erinnerte. Doch das war leichter gewollt als getan, denn Karl war gerade mal 16 und hatte kein Geld für die große weite Welt.

Die Legende besagt, mit nur 50 Dollar in der Tasche habe Karl sich zwei Wochen nach seinem 17. Geburtstag zusammen mit einem Freund auf den Weg nach Bremerhaven gemacht. Dort bestiegen sie ein Auswandererschiff mit dem Namen »Neckar« – na, wenn das für einen Schwaben kein gutes Omen war!

Ob es wirklich 50 Dollar waren, das weiß niemand, und es ist auch nicht so wichtig. Jedenfalls wagte Karl die abenteuerliche Reise, die im schmutzigen Unterdeck alles andere als ein Vergnügen war. Krank und völlig entkräftet erreichte er nach vierzehn Tagen New York. Sein Freund habe ihn nur mit Müh und Not vom Schiff und an Land schleppen können.

Da standen sie nun in einer fremden Welt und mussten bei null anfangen. Zunächst fanden sie Unterschlupf bei anderen Auswanderern, die schon länger in New York lebten. Karl schlug sich mit Gelegenheitsjobs durch, zog weiter nach Chicago zu seinem Bruder, probierte es dort erfolglos mit einem Tauschhandel und arbeitete auch auf einer Farm. Insgesamt zehn Jahre dauerte dieses unstete Leben, das sich Karl in Laupheim sicher anders vorgestellt hatte. Aber ein Zurück gab es für ihn nicht. Also kämpfte er weiter – und wurde für sein Durchhaltevermögen belohnt: In der Kleinstadt Oshkosh im US-Bundesstaat Wisconsin lebten viele eingewanderte Deutsche. Dort gab es eine Textilfabrik, die einen Buchhalter suchte. Und Karl Lämmle, der sich inzwischen amerikanisch Carl Laemmle schrieb, bekam die Stelle. Weil er fleißig war und über seinen Aufgabenbereich hinaus originelle Ideen einbrachte, stieg er bis zum Geschäftsführer auf und verdiente gut.

In der Fabrik lernte er die aus Hessen stammende Jüdin Recha Stern kennen und verliebte sich in sie. Im Jahr 1898 heirateten sie und bekamen bald eine Tochter.

Eigentlich hätte der kleingewachsene Mann nun zufrieden sein können, aber er war es nicht. Um Angestellter eines anderen zu werden – wenn auch ein gut bezahlter in einer guten Position –, hatte er den weiten Weg und die ganzen Strapazen nicht auf sich genommen. Er wollte sein eigener Chef sein und etwas eigenes Schaffen.

Später hat er oft erzählt, welches Ereignis sein Leben verändert hatte: Eines Tages sei er durch Chicago geschlendert und habe plötzlich eine Menschenschlange gesehen. Die Wartenden wollten in ein Nickelodeon, eine Frühform des Kinos, bei dem die Vorführung einen Nickel, fünf Cent, kostete. Neugierig wie er war, stellte Laemmle sich an, um zu sehen, was es drinnen zu sehen gab. Hinterher stellte er beeindruckt fest: »Mehr habe ich nie für einen Nickel bekommen. Dieses Business hat unglaubliche Möglichkeiten!« Die wollte er nutzen und setzte seine gesamten Ersparnisse – das waren 3.000 Dollar – ein, um ein heruntergekommenes Nickelodeon zu kaufen, weiß streichen und mit neuen Stühlen ausstatten zu lassen. Das Risiko wurde belohnt: Die Leute gingen lieber zu ihm als in eines der schmuddeligen Nickelodeons. Mit den Einnahmen kaufte er bald ein zweites und ein drittes – und besaß nach zwei Jahren schon 50 »Filmtheater«. Damit er diese zuverlässig mit Filmen versorgen konnte, gründete er seinen eigenen Filmverleih, der schnell zum größten in ganz Amerika anwuchs. Auch dabei beließ er es nicht, sondern machte den nächsten Schritt: 1910 begann er, selbst Filme zu produzieren. Weil er weiter und größer dachte als seine Konkurrenten, kaufte er das Gelände einer ehemaligen Hühnerfarm vor den Toren von Los Angeles. Dort ließ er alles bauen und einrichten, was man brauchte, um erfolgreich Filme zu drehen. 1912 gründete er dann die »Universal Studios« und produzierte rund 10.000 Filme, darunter so bekannte Meisterwerke wie »Frankenstein«, »Dracula«, »Der Glöckner von Notre Dame« oder »Im Westen nichts Neues«, für den er den Oscar erhielt.

Dr Karle vo Laupheim wurde so zum Gründer der »Traumfabrik Hollywood« und wird in den USA bis heute respektvoll »Vater der Filmindustrie« genannt. Dass er seine Herkunft nie vergessen hat, zeigen seine regelmäßigen Besuche in der alten Heimat. Und als er einmal gefragt wurde, warum er ein bestimmtes Mädchen für eine Rolle ausgewählt habe, soll er geantwortet haben: »Als ich Schuljunge in Laupheim war, saß ein kleines Mädchen schräg gegenüber. Sie (die Ausgewählte) sah wie dieses Mädchen aus. Ihr Gesicht erinnerte mich so lebhaft an dieses Mädchen aus meiner Kinderzeit.«

Als reicher »Onkel aus Amerika« unterstützte er Laupheim mit großzügigen Spenden. Und Carl Laemmle tat noch mehr: Bis zu seinem Tod am 24. September 1939 setzte er sich dafür ein, Juden vor den Nazis zu retten. Mit persönlichen Bürgschaften garantierte er den US-Behörden, notfalls die Versorgung der Flüchtlinge zu übernehmen. So erreichte er, dass mehr als 300 Juden aus Deutschland fliehen und in die USA einreisen konnten.

Nix versäuma

I schtand uf dr letschta Schprosse,
von ra kurza Loiter.
Do ischs Ende dr Fahnenschtange,
do goht's nemme weiter.

I setz an Fuaß nauf en d' Luft,
se hebt, 's isch kaum zu glauba.
Schritt für Schritt schteig i nauf,
die andre trauet kaum ihre Auga.

Oimol do, was älle mechtet,
net bloß vom Leba traima.
Oimol nach de Schterne greifa,
om nix zu versoima.
Oimol net nach Logik froga,
net uf die Zweifler höra.
Oimol 's ganz Verrückte waga,
mit Luscht die alte Ordnung schtöra.

Kann sei, 's dauert net ewig,
kann sei, i gang em Weltall verlora,
des isch koi Grond, es net zu waga.
Wozu ben i denn gebora.

Oimol do, was älle mechtet,
net bloß vom Leba traima.
Oimol nach de Schterne greifa,
om nix zo versoima.
Oimol net nach Logik froga,
net uf die Zweifler höra.
Oimol des Verrückte waga,
mit Luscht die alte Ordnung schtöra.

I will endlich wissa, was goht,
i lass me net halta ond ziah.
Bessere Zeita kommet nie meh,
Leba ischt emmer jetz oder nie.

Oimol do, was älle mechtet,
net bloß vom Leba traima.
Oimol nach de Schterne greifa,
om nix zu versoima.
Oimol net nach Logik froga,
net uf die Zweifler höra.
Oimol 's ganz Verrückte waga,
mit Luscht die alte Ordnung schtöra.

Essen und Trinken

»Was dr Bauer net kennt, isst dr net.« Das mag bis in die 1960er Jahre nicht nur für die Bauern, sondern auch für viele andere Landsleute gegolten haben. Neue und damit fremde Speisen betrachtete man im konservativen Schwabenland erst mal skeptisch: »Ma ka jo nia wissa!«

Und weil man nicht wissen konnte, wie das Neue schmeckt, aß man lieber, was man kannte. Das änderte sich langsam, als die sogenannten »Gastarbeiter« aus Italien, Spanien, Griechenland, Jugoslawien und der Türkei ins Ländle kamen. Sie alle brachten aus ihren Heimatländern Speisen mit, die ganz anders dufteten und schmeckten als die einheimischen Gerichte. Zwar blieben die »Gastarbeiter« anfangs weitgehend unter sich, doch an den Arbeitsplätzen gab es in den Vesperpausen für die schwäbischen Kollegen öfter »Versucherle«.

»Noi, noi, des Zeig kaasch sealber essa. I iss liaber mein Schwartamaga«, wehrten manche Schwaben ab.

Andere wollten trotz aller Vorsicht nicht so unhöflich sein und probierten die »Versucherle«. Oft waren sie für schwäbische Zungen und Gaumen zu ungewöhnlich gewürzt und zu scharf. Doch manchmal konnte man den überraschten Ausruf hören: »Ha, des schmeckt jo gar net schleacht!«

Und heute findet man auch unter den eingefleischtesten Schwaben wohl nur noch ganz seltene Exemplare, die nicht schon Pizza, Pasta, Gyros, Souvláki, Ćevapčići, Köfte und Döner Kebap gegessen haben.

Was und wie man isst, hat sich in den vergangenen fünfzig Jahren sehr verändert – man denke nicht nur an die internationalen Speiselokale, sondern auch an Fast- und Fingerfood und Essen to go. Die Globalisierung hat das Schwabenland auch im kulinarischen Bereich voll erwischt. Trotzdem werden in Familien und Gasthäusern traditionelle schwäbische Gerichte aufgetischt – mit steigender Tendenz.

Dazu gehört zuallererst die Maultasche, die gern als »Botschafterin der schwäbischen Küche« bezeichnet wird.

»Und was ist da drin?«, fragen die Ausländer.

Das lässt sich nicht mit wenigen Worten sagen, denn es gibt sie in zig Variationen. Aber die Grundzutaten sind oder sollten sein: Brät oder Hackfleisch, Spinat, Zwiebeln, Ei und eingeweichte, altbackene Weckle. Ergänzen kann man das Ganze noch je nach Geschmack mit Speck, Schinken, Schweinebauch, Petersilie und Lauch. Alles fein geschnitten und vermischt. Diese Masse wird dann in einem Nudelteig »versteckt«. »Versteckt? Warum das denn?«

Nach einer Legende zur Entstehung der Maultaschen haben Mönche des Klosters Maulbronn – daher auch der Name Maultasche – während der Fastenzeit nicht ganz auf Fleisch verzichten wollen und es zwischen den anderen Zutaten unter dem Teig versteckt, um den Herrgott nicht zu verärgern. Deswegen nennt der Volksmund sie bis heute »Herrgottsbscheißerle«.

Serviert und gegessen werden sie vor allem auf drei unterschiedliche Arten:

- in einer schmackhaften Brühe,
- geschmälzt mit angebratenen Zwiebeln und Kartoffelsalat,
- in Scheiben geschnitten und geröstet und mit verklebbertem Ei in der Pfanne angebraten.

Wie auch immer, schmecken tun sie in jeder Form; am besten natürlich selbst gemacht nach Omas Originalrezept, das jede Familie hütet wie einen Schatz.

Zu den schwäbischen Grundnahrungsmitteln gehören auch die Spätzle – am besten handgeschabt vom Schbätzlesbrett. Weil das etwas mühsam und nicht ganz einfach ist, hat der Stuttgarter Robert Kull a Schbätzlepress erfunden, die das Herstellen leichter macht. Ob von Hand geschabt, gepresst oder zur Not auch fertig gekauft, Spätzle kommen zu allen Arten von Fleischgerichten auf den Tisch. Und natürlich kommt das inoffizielle schwäbische Nationalgericht nicht ohne sie aus: Lensa mit Schbätzle, Soidawürschtle ond Schbeck. Sehr beliebt und nahrhaft sind auch Kässpätzle. Deswegen sollte man sich beim Essen etwas zurückhalten, denn: Lensa, Schbätzle, Floisch ond Kraut hend schao manche Figur vrsaut.

Mit dem Zurückhalten ist es allerdings nicht so einfach, denn im Schwabenland gilt der Spruch: »Wia ma isst, so schafft ma.« Und weil keiner als Faulenzer dastehen will, greift man eben kräftig zu.

Manchmal essen Schwaben ihre Spätzle ganz ohne fleischliche und andere Beilagen nur mit Soße, mit viel Soße! Es heißt schließlich nicht umsonst: »Mit Schbätzle ond Soß werdet Kender groß.«

Wenn es mal schnell gehen und der Hunger zwischendurch ohne Teller und Besteck gestillt werden soll, greift der Schwabe am liebsten zum LKW, dem Leberkäswecken. Da will er aber koi Weckle, sondern einen möglichst großen Wecken, in dem eine mindestens daumendicke Scheibe warmer Leberkäs liegt.

Wer es weniger deftig mag, isst lieber eine Brezel, die mit Butter bestrichen besonders köstlich schmeckt. Über die Herkunft dieses originellen Gebäcks gibt es verschiedene Geschichten. Eine erzählt vom Hofbäcker Frieder aus Urach, der zum Tode verurteilt wurde. Er bat den Grafen Eberhard um Gnade.

»Wenn du mir binnen drei Tagen ein Gebäck bringst, durch das dreimal die Sonne scheint, schenke ich dir das Leben«, versprach der Graf.

Der Hofbäcker machte sich an die Arbeit, knetete und formte den Teig von Tag zu Tag verzweifelter, doch die lebensrettende Form wollte einfach nicht gelingen – bis er eine Brezel schuf. Als er schon glaubte, am Ziel zu sein, fiel sie ausgerechnet in eine Wanne mit heißer Lauge. Weil die Frist zu Ende ging, schob er den Teigling kurzerhand in den Ofen und brachte das noch lauwarme Gebäck dem Grafen. Der war beeindruckt und hielt sein Wort.

So soll die Laugenbrezel vor rund 650 Jahren entstanden sein. Ob so oder anders, jedenfalls ist sie eines der beliebtesten Nahrungsmittel im Schwabenland. Damit sie besser rutscht, kann man trinken, was Küche und Keller hergeben. Denn zur Brezel passt alles: Milch, Kaffee, saurer Sprudel, Apfelschorle, Säfte aller Art, Radler, Bier pur und natürlich ein Trollinger. Sogar das vom Aussterben bedrohte schwäbische Nationalgetränk, der Most, verträgt sich im Mund und im Magen mit der Brezel.

Der legendäre Stuttgarter OB Manfred Rommel hat über sie gedichtet:

»Des Schwaben Klugheit ist kein Rätsel,
die Lösung heißt: die Laugenbrezel!
Schon trocken gibt dem Hirn sie Kraft,
mit Butter wirkt sie fabelhaft.
Erleuchtet mit der Weisheit Fackel
noch das Gehirn vom größten Dackel!«

Und zum guten Schluss noch zu einem Gebäck für viele Gelegenheiten: Ob Tauf, ob Hochzeit oder Leich, wa ma feiert, seall isch gleich – uf jeda Fall kommt do a Hefekranz uf da Disch. Zum einen, weil es Tradition ist, zum andern weil er gut satt macht und vergleichsweise günstig ist. Mit Butter bestrichen, vielleicht sogar noch mit selbstgemachtem Breschtlings – oder Träublesgsälz, braucht sich der Hefekranz hinter keinem Kuchen zu verstecken.

Guten Appetit!

Jeans aus Künzelsau

Künzelsau ist eine Kleinstadt im Norden Württembergs. Böse Zungen sprechen den letzten Teil des Namens so aus, als handle es sich um ein Borstenvieh. Das ist unfair, denn schweinisch ist Künzelsau nicht. Es gibt sicher schönere Städtchen im Ländle, aber auch weniger schöne. Warum also in diesem Buch eine Geschichte über Künzelsau?

Nahe läge, dass Reinhold Würth der Grund dafür ist. Er hat die Schraubengroßhandlung seiner Eltern in Künzelsau im zarten Alter von 21 Jahren übernommen und zum Schraubenimperium ausgebaut. Als »Schraubenkönig« und großer Kunstförderer hat er den Namen der Stadt in die ganze Welt getragen. Trotzdem geht es nicht um ihn. Es geht auch nicht um den Schriftsteller Hermann Lenz, der in Künzelsau aufwuchs und mehrere autobiografische Romane schrieb, die als »Schwäbische Chronik« bezeichnet werden. Und es geht nicht um den Astronauten und Künzelsauer Ehrenbürger Alexander Gerst, der schon zweimal in den Weltraum geflogen ist. Es geht vielmehr um ein Kleidungsstück, das jede und jeder kennt und vermutlich auch jede und jeder im Schrank hat: um Jeans.

»Om Jeans? Ond was hend dia mit Künzelsau zom doa?«

Gemach, gemach, und der Reihe nach.

Jeans gab es nicht immer, auch wenn sich viele das und ein Leben ohne sie nicht vorstellen können. Erfunden wurden sie zwar nicht von einem Künzelsauer, sondern von dem Oberfranken Löb Strauß. Der war 1847 nach Amerika ausgewandert, hatte sich dort Levi genannt und für die Goldgräber ein besonders strapazierfähiges Beinkleid entwickelt, die Nietenhosen. Rasch sprach sich herum, dass diese robuster waren und länger hielten als alle anderen Hosen. Die Nachfrage stieg nicht nur bei den Goldgräbern, sondern auch bei Cowboys und Holzfällern, ja bei der gesamten Arbeiterschaft.

Doch das war erst der Anfang. In den 1930er Jahren entdeckte Amerikas Jugend die Arbeiterhose für sich. Die Bluejeans wurde nun zu einem Symbol der Rebellion. Wer sie trug, wollte sich damit von der Elterngeneration abgrenzen und zugleich seinen Protest gegen überholte Traditionen und Wertvorstellungen ausdrücken.

Doch davon hatte man in Deutschland noch keine Ahnung. Hier hatten die Männer noch die traditionellen Hosen an und die Frauen gar keine. Das änderte sich erst nach dem Zweiten Weltkrieg. Und da kommt Künzelsau ins Spiel. Das Städtchen hatte Glück und gehörte zur amerikanischen Besatzungszone. Die Soldaten brachten zumindest ein Stück des American Way of Life mit. Zu dem gehörten eine optimistische Lebenseinstellung ebenso wie der Swing, Coca Cola, Kaugummi und eben die Bluejeans. Nach den entbehrungsreichen Kriegsjahren lechzten vor allem junge Leute geradezu danach. Doch Jeans gab es in Deutschland nicht zu kaufen.

Da witterte ein Mann in Künzelsau die Chance seines Lebens: Albert Sefranek. Seiner Schwiegermutter Luise Hermann gehörte a Fabrikle, in dem sechs Näherinnen Berufsbekleidung anfertigten. Aber die Geschäfte liefen schlecht. Sefranek schlug vor, es mit der Produktion von Jeans zu versuchen. Doch für die Chefin kam das nicht infrage. Sie wollte ihren guten Ruf nicht aufs Spiel setzen, indem sie die Hosen der Besatzer nachnähte. Ohnehin fand sie die »Amihosen« unschicklich, weil sie so eng geschnitten waren, dass sie das Hinterteil und noch mehr abzeichneten. Das war nichts für eine anständige schwäbische Unternehmerin.

Albert Sefranek war enttäuscht, wollte aber nicht einfach aufgeben. Allerdings gab es außer der Schwiegermutter noch ein weiteres Problem: Er brauchte ein paar der »Amihosen«, um mit ihnen arbeiten und Muster entwickeln zu können. Der Legende nach besorgte er sich in der Schnapsfabrik seiner Tante sechs Flaschen und ging damit in eine Bar, in der US-Soldaten verkehrten. Dort gelang es ihm, einen von ihnen zum Tausch zu überreden: Sechs Flaschen hochprozentigen Schnaps gegen sechs Bluejeans.

Zu Hause trennte er die Hosen auf, schaute sich alles genau an und tüftelte an einem Schnittmuster herum. Wie er den Prototyp für die erste deutsche Jeans anfertigte, ist nicht überliefert – vermutlich hat ihm mindestens eine Frau dabei geholfen. Jedenfalls schaffte es Sefranek schon 1948, einen Auftrag über 300 »Amihosen« zu bekommen. Da sah auch die Chefin eine Chance, aus ihrem Fabrikle doch noch eine Fabrik zu machen, und schob ihre Bedenken gegen die unschicklichen Hosen beiseite. Frei nach dem Motto: 's Gschäft goht vor. Das galt in der Nachkriegszeit eben auch für eine schwäbische Fabrikantin.

Also machte sie sich mit ihrem Schwiegersohn und ihren Näherinnen an die Arbeit. Dabei mussten sie noch einige Schwierigkeiten überwinden. Es war ihnen zum Beispiel nicht möglich, den Originalstoff für Jeans zu bekommen, den die Amerikaner »Denim« nannten. In der Not behalfen sie sich vorerst mit einem strapazierfähigen blauen Stoff, der sonst für die Herstellung von Arbeitskleidung verwendet wurde. Ob es daran lag, dass die Leute anfangs nur zögerlich zugriffen, oder ob ihnen die »Röhrleshosen« wegen ihres engen Schnitts einfach zu ordinär waren, lässt sich heute nicht mehr sagen. Die Zurückhaltung dauerte allerdings nicht lange, und bald griffen die Leute begierig zu. Ein Grund dafür war sicher, dass Filmstars wie James Dean und Marlon Brando als Jeansträger die lässigen Typen gaben und zu Jugendidolen wurden. Und es gelang dem Team in Künzelsau mit einer genialen Werbestrategie, die Leute glauben zu machen, bei Jeans handle es sich nicht nur um ein profanes Beinkleid, sondern um viel mehr: Wer eine »Hermann Cowboyhose« – so wurde sie inzwischen genannt – kaufte, erwarb damit auch das Gefühl von Freiheit, Wildem Westen und Abenteuern. Nur der Name passte noch nicht so richtig dazu. Dem cleveren Albert Sefranek fiel ein besserer ein: Mustang. Dieses wilde, frei lebende Pferd schien ihm gut geeignet, um das gewollte Lebensgefühl auszudrücken. Das Präriepferd wurde als Marke eingetragen und zum Firmenlogo.

Die Strategie ging auf. Immer mehr Menschen wollten eine Mustang-Cowboyhose haben – auch Frauen.

Bereits 1953 wurden in Künzelsau die ersten Jeansmodelle für Frauen hergestellt. Die nannte man natürlich nicht Cowboyhosen, sondern »Girls-Camping-Hosen«. Und ebenso natürlich hatten sie den Reißverschluss nicht vorne, sondern an der Seite.

Wenig später nahm Josef Neckermann die Jeans aus Künzelsau in seinen Versandhauskatalog auf. Nun war der Siegeszug dieser Hosen nicht mehr aufzuhalten. Und damit sie im Alltag nicht mehr so zwickten und zwackten, brachte die inzwischen in »Mustang« umbenannte Firma 1961 die erste Stretchjeans der Welt auf den Markt.

Zehn Jahre später hatte die Marke »Mustang« so einen guten Namen, dass die deutschen Athleten für die Olympischen Spiele in München nicht mit »Adidas« oder »Puma« ausgestattet wurden, sondern mit Kleidung aus Künzelsau.

Mei beschtes Schtück

Wenn mr durch a Schdädtle lauft,
ond mr guggd sich om,
fällt oim ebbes Bsonders auf,
doch kaum oiner schert sich drom.

’s hend äll de gleicha Hosa a,
ob se arm send oder reich.
Oftmols halb verrissa,
koine isch dr andra gleich.
Oftmols halb verrissa,
koine isch dr andra gleich.

Jeans, Jeans, like a riding cowboy,
Jeans, Jeans, on the country road.
Jeans, Jeans, like Rocky Mountain blue sky,
Jeans, Jeans, all over the world.

Je enger, deschdo besser,
manche Männer klopfet ’s Herz.
Was es do zom seha gibt,
Gedanke fahred hemmelwärts.
Was es do zom seha gibt,
Gedanke fahred hemmelwärts.

Jeans, Jeans, like a riding cowboy,
Jeans, Jeans, on the country road.
Jeans, Jeans, like Rocky Mountain blue sky,
Jeans, Jeans, all over the world.

M.TOMICEK

Schwäbisches Meer

Offiziell heißt der größte Binnensee in Deutschland Bodensee, das weiß natürlich jeder Schwabe. Trotzdem nennen ihn viele liebevoll Schwäbisches Meer. Das ärgert vor allem die Badener, die mit schnöden Maßen daherkommen. Von den insgesamt 273 Uferkilometern seien nur 25 Kilometer württembergisch, aber 130 badisch. Zähle man die 72 schweizerischen, die 28 österreichischen und die 25 württembergischen Kilometer zusammen, sei der badische Anteil am gesamten Seeufer immer noch größer. Und die läppischen 18 Kilometer, die zu Bayern gehören, könne man vernachlässigen. Wenn man dem See überhaupt einen anderen Namen geben wolle, dann müsste er Badisches Meer heißen.

Auch wenn man das als Schwabe nicht gern zugibt, so ganz unrecht haben sie nicht. Aber Badisches Meer! Das tut ja in den Ohren weh. Und überhaupt: Des basst doch net zo onserm See!

Dass viele Schwaben ihn onsern See nennen, passt wieder den übrigen Anrainern nicht. Für sie ist es eben der Bodensee oder der See, der nicht den Schwaben, sondern allen gehört.

Das bestreiten wir Schwaben ja gar nicht. Wenn wir von onserm See sprechen, verwenden wir onser nicht als besitzanzeigendes Fürwort, sondern als eine kleine Liebeserklärung. Steht ein Schwabe am Ufer und murmelt beinahe gerührt »onser See«, drückt er damit aus, wie schön er den Bodensee und die ihn umgebende Landschaft findet. Spricht einer in der Ferne von onserm See, klingt die Sehnsucht mit, ihn möglichst bald wiederzusehen.

Und an dieser Stelle noch ein Bemerkung zum Begriff Schwäbisches Meer: Den haben nicht wild gewordene, arrogante Schwaben erfunden, um damit Besitzansprüche auszudrücken und die anderen Anrainer zu ärgern.

Nein, der Begriff stammt von dem römischen Geschichtsschreiber Tacitus, der um 100 nach Christus sein Buch »Über den Ursprung, die Lage und die Völkerschaften Germaniens« veröffentlicht hat. Darin schreibt er auch über die »Sueben« und das »Mare Suebicum«. Schaut man genauer hin, klärt sich die Sache dann auf: Aus dem Wort »Sueben« leitet sich die Stammesbezeichnung »Schwaben« ab, die zu Tacitus' Zeiten im Nordosten Germaniens lebten. Nach ihnen nannte er die Ostsee »Mare Suebicum«.

Später wurde dieser Begriff dann von anderen übernommen und eingedeutscht in »Schwäbisches Meer«. Aber nicht für die Ostsee, sondern für den See, der mitten im Herzogtum Schwaben lag. Ob das versehentlich oder bewusst geschah, kann heute niemand mit Gewissheit sagen. Jedenfalls lag die Bezeichnung nahe, denn vor 750 Jahren war der See von lauter Schwaben umgeben – zumindest nach damaligem Verständnis, auch wenn das heute nicht alle gern hören.

Wenn wir schon beim Namen sind, warum heißt der See denn Bodensee? Weil er so tief ist, dass man den Boden nicht sieht, meinen manche. Oder weil er keinen Boden hat. Das ist natürlich beides Quatsch. Wie jeder See hat er einen Boden. Der ist an der tiefsten Stelle übrigens 254 Meter von der Wasseroberfläche entfernt. Damit ist er nicht nur der größte, sondern auch der tiefste Binnensee Deutschlands.

Benannt ist er nach einem Ort am äußersten nordwestlichen Ufer: Bodman ist eine der ältesten Siedlungen am See und hieß auf Althochdeutsch Bodamon. Dort wurden an mehreren Stellen Reste von Pfahlbauten aus der Stein- und Bronzezeit gefunden. Diesen frühen Bewohnern folgten später Kelten, Alemannen und Römer. Im 9. Jahrhundert erlangte Bodman eine überregionale Bedeutung: Der Ort war Sitz alemannischer Herzöge und eine Königspfalz, also ein Herrschaftssitz der Könige aus dem Geschlecht der Karolinger.

Erstmals taucht der Name Bodamonsee um das Jahr 830 auf. Der Dichter Wolfram von Eschenbach besang ihn um 1200 auf Mittelhochdeutsch als Bodemsee. Daraus wurde schließlich der heutige Name.

Ob Schwäbisches Meer, Bodensee oder einfach nur See, immer mehr Menschen aus dem Ausland entdecken ihn samt seinen Inseln und der Landschaft drum herum als sehens- und lebenswert. Seit Jahren gehört er zu den beliebtesten Ferienregionen in Deutschland. Millionen Urlauber verbringen die schönsten Tage des Jahres hier. Allein die Blumeninsel Mainau zählt jährlich über eine Million Besucher. Und die größte der Bodenseeinseln, die Klosterinsel Reichenau, steht seit dem Jahr 2000 auf der Welterbeliste der Unesco. Im Volksmund wird sie häufig Salatinsel genannt, weil dort seit über tausend Jahren die verschiedensten Salate angebaut werden. Dabei hat die Reichenau viel mehr zu bieten als nur Salate – sonst wäre die Insel nicht zum Welterbe geworden, selbst wenn dort die besten Salate auf der ganzen Welt gedeihen würden.

Aber der See und das Umland bieten nicht nur zahlreiche Sehenswürdigkeiten und viele Möglichkeiten, die Seele baumeln zu lassen und sich zu erholen; er spendet außerdem rund vier Millionen Menschen in Baden-Württemberg täglich frisches Wasser. Das zu schaffen, war eine technische und logistische Meisterleistung und verbesserte die Lebensqualität der Menschen enorm. Denn bis in die 1950er Jahre war das Wasser in manchen Gegenden des Landes knapp. Deswegen gründeten 13 Gemeinden 1954 den »Zweckverband Bodensee-Wasserversorgung«. Nach vierjährige Planungs- und Bauzeit wurde das erste Bodenseewasser bei Sipplingen in 60 Metern Tiefe durch zwei Rohre entnommen und auf den 310 Meter höher liegenden Sipplinger Berg gepumpt. Dort wurde es zum Trinkwasser aufbereitet und durch Rohre in die angeschlossenen Gemeinden geleitet. Daran hat sich im Prinzip nichts geändert. Nur wurden aus den 13 Gemeinden bis heute 320 Gemeinden und Städte, und das Rohrnetz wuchs auf eine Länge von etwa 1.700 Kilometer an.

»Ja wird onser See net leer, wenn ma jeda Dag so viel Wasser raus nemmt?«, fragte ein besorgter Schwabe.

»Noi, du Bachel, der wird nia leer«, antwortete ein informierter Landsmann.

Dem ist nichts hinzuzufügen.

Der Blautopf und die Schöne Lau

's leit a Klötzle Blei glei bei Blaubeura,
glei bei Blaubeura leit a Klötzle Blei.

Dieser Zungenbrecher ist bekannt im ganzen Land. Und vermutlich haben die meisten schon versucht, ihn möglichst schnell und fehlerfrei zu sprechen. Das ist ziemlich schwierig und verlangt geübte Zungen und Lippen. Wer maulfaul ist, hat keine Chance.

Vermutlich wissen auch nicht alle, die ihn gut drauf haben, von wem er stammt: Es ist der schwäbische Dichter Eduard Mörike.

Die Sache mit dem Klötzle Blei ist eine lange Geschichte, die in dem Märchen »Das Stuttgarter Hutzelmännlein« steht, das 1853 erschienen ist.

»Wieso jetz uf oimol Schtuegert, mir send doch grad en Blaubeura?«, mag jetzt mancher fragen.

No gschdät, mir kläret die Sach glei auf.

Das Märchen beginnt in Stuttgart »wohl vor fünfhundert und mehr Jahren«. Es handelt von dem armen Schustergesellen Seppe, der es bei seinem Meister nicht mehr aushält. In der Nacht bevor er auf Wanderschaft geht, erscheint ihm das Hutzelmännlein und sagt unter anderem: Wenn er nach Blaubeuren komme und dort ein Klötzlein Blei finde, solle er es mitnehmen und ihm, dem Hutzelmännlein, bringen.

Seppe erlebt auf seiner Wanderschaft allerhand und besteht viele Abenteuer. Trotzdem ist seine Geschichte längst vergessen und allenfalls noch den Literaturexperten bekannt.

Unvergessen ist dagegen die Binnengeschichte des Märchens, die Seppe in Blaubeuren hört:

Die Historie von der schönen Lau

Im Schwabenlande, auf der Alb, bei dem Städtlein Blaubeuren, dicht hinter dem alten Mönchskloster, sieht man nächst einer jähen Felsenwand den großen runden Kessel einer wundersamen Quelle, der Blautopf genannt. Gen Morgen sendet er ein Flüsschen aus, die Blau, welche der Donau zufällt. Dieser Teich ist einwärts wie ein tiefer Trichter, sein Wasser von Farbe ganz blau, sehr herrlich, mit Worten nicht wohl zu beschreiben; wenn man es aber schöpft, sieht es ganz hell in dem Gefäß.

Zuunterst auf dem Grund saß ehmals eine Wasserfrau mit langen fließenden Haaren. Ihr Leib war allenthalben wie eines schönen, natürlichen Weibs, dies eine ausgenommen, dass sie zwischen den Fingern und Zehen eine Schwimmhaut hatte …

So beginnt die Geschichte. Die schöne Lau lebte allerdings nicht freiwillig im Blautopf. Sie war mit einem mächtigen Donaunix verheiratet und hatte ursprünglich mit ihm an der Mündung zum Schwarzen Meer gelebt. Das Leben an der Seite ihres deutlich älteren Mannes machte die schöne Lau unglücklich, »sie war stets traurig«. So kam es, dass sie nur tote Kinder gebären konnte. Da verbannte ihr Mann sie in den hintersten Winkel seines Wasserreiches, in den Blautopf. Dort lebte sie fortan in einem Schloss, umgeben von entenfüßigen Kammerzofen, Mägden, einem »possigen Zwerg« und verschiedenen Tieren. Sie alle versuchten, ihre Herrin mit Schabernack und Possen zum Lachen zu bringen. Denn die Schwiegermutter hatte ihr geweissagt, bevor sie nicht fünfmal von Herzen gelacht habe, könne sie keine lebenden Kinder gebären. Doch so sehr sie sich auch bemühten, die Lau lachte nicht. Das schaffte erst eine bodenständige Schwäbin, die Wirtin des Gasthauses »Nonnenhof«. Zu ihr und ihrer gutmütigen Familie hatte die Lau durch einen offenen Brunnen im Keller gefunden. Sie brachten die traurige Lau fünfmal zum Lachen, unter anderem durch den eingangs zitierten Zungenbrecher.

»Nun war ihr Gesicht von der Freude verschönt, und ihre Augen glänzten, wie man es nie an ihr gesehen.« Ihr Mann kam geschwommen und sie fühlte sich, als ob »sie von heute an erst« seine Frau sei. Angesichts des neuen Liebesglücks lief sogar der Blautopf über.

Für das Happy End dieses Märchens ließ Mörike also nicht irgendwelche Fabelwesen sorgen, sondern waschechte Schwaben und ihren Humor. Damit wollte er den Ausländern beweisen, dass es den wirklich gibt.

Inspiriert zu dem Märchen haben ihn die wundersamen Geschichten über den Blautopf. So wurde zum Beispiel erzählt, die ungewöhnliche Farbe entstehe dadurch, dass täglich ein Fass voll Tinte hineingeschüttet werde. In einer anderen Sage wird der Blautopf als bodenlos geschildert. Alle Versuche, mit einem Bleilot die Tiefe zu messen, sollen von einer Nixe vereitelt worden sein, die das Gewicht stahl – a Klötzle Blei.

Natürlich weiß man längst, wie tief der Blautopf ist: exakt 20,6 Meter. Man weiß auch, dass das Blauhöhlensystem mit einer bisher vermessenen Ganglänge von mehr als zehn Kilometern das längste Höhlensystem im Land ist. Das haben mutige Taucher, allen voran Jochen Hasenmayer, in den letzten vierzig Jahren herausgefunden.

Und man weiß, dass der Blautopf mit über 2.000 Litern Schüttung in der Sekunde eine der größten Quellen in Deutschland ist; nach kräftigen Niederschlägen in Spitzenzeiten sind es bis zu 32.000 Liter.

Manche glauben sogar zu wissen, wie die Farbe entsteht, die selbst für den Dichter Eduard Mörike »mit Worten nicht wohl zu beschreiben ist«: Die einfallenden Lichtstrahlen würden in dem kalkgesättigten Quellwasser kaum gebrochen. Wegen der großen Tiefe würden die Gelb- und Rottöne so stark absorbiert, dass nur verschiedene Blautöne übrig blieben.

Das mag so sein, aber es hilft nicht weiter. Beschreiben kann die einmalige Farbe des Blautopfes nicht einmal der klügste Wissenschaftler. Wer wissen will, wie sie aussieht, muss sie mit eigenen Augen sehen. Denn neben der Farbe trägt auch das Drumherum dazu bei, dass dieser Ort märchenhaft und geheimnisvoll wirkt.

Das hat auch Hermann Hesse bei einem Besuch hundert Jahre nach Mörike so empfunden: Es rieche überall nach Schwäbisch und Märchen, schrieb er. Überall dufte es nach Träumen, Hölderlin und Mörike.

Eine Statue der schönen Lau steht am Ufer des Blautopfs. Sie ist das Wahrzeichen von Blaubeuren. Wer vor einem Besuch ihre Geschichte liest, sieht, hört und erlebt mehr, als wer dies nicht tut. Versprochen!

I han di so gern

Für die verschiab i da högschte Berg,
buach a Zemmer uf am Mond,
gang barfuaß durch da Wüschdasand,
weil sich jeder Weg zu dir lohnt.

Für die bau i a Schloss,
weil du für mi die Gröschte bischt,
gang für die nackt durchs Feuer,
schtell dausend Rosa uf da Disch.

Wenn mol d’ Sonne nemme scheint,
Wolga am Hemmel schtehn,
wenn ’s Leba oin fascht verreißt,
ond mr nemme weider woiß,
dann ben i für die do,
komm, gib mr dei Hand,
dass i die halta ko.

Für die pflanz i a Meer aus Sonnabluma,
bau nomol an Eifelturm,
lauf schtondalang durch da Rega
ond durch da gröschte Sturm.

Wenn mol d' Sonne nemme scheint,
Wolga am Hemmel schtehn,
wenn 's Leba oin fascht verreißt,
ond mr nemme weider woiß,
dann ben i für die do,
komm, gib mr dei Hand,
dass i die halta ko.

Gang mit mir ens Wonderland,
dr Weg führt ons weit nauf.
Des Kribbla en meim Bauch,
lässt mi nemme los,
des hört oifach net auf.

Wenn mol d' Sonne nemme scheint,
Wolga am Hemmel schtehn,
wenn 's Leba oin fascht verreißt,
ond mr nemme weider woiß,
dann ben i für die do,
komm, gib mr dei Hand,
dass i die halta ko.

M. Tomicek

Die Sieben Schwaben

Über uns Schwaben wird im Ausland gern gelacht und gespottet. Dazu hat die Geschichte von den »Sieben Schwaben« kräftig beigetragen. Erzählt wird sie seit beinahe fünfhundert Jahren in vielerlei Variationen. Zum ersten Mal schriftlich formuliert hat sie der Nürnberger Schuhmacher und Dichter Hans Sachs im Jahr 1545. Bei ihm sind es allerdings noch neun namenlose Schwaben, die durchs Land ziehen, um Abenteuer zu erleben. Dafür haben sie sich einen langen Spieß machen lassen, an dem sie hintereinander gehen. Ihr Motto lautet: Einer für alle, alle für einen.

Auf ihrem Weg stehen sie plötzlich vor einem schlafenden »Untier«, das sie erlegen wollen. Dabei stellen sie sich so ungeschickt an, dass es aufwacht. Die Männer erschrecken noch mehr als das Tier, das in Wirklichkeit ein Hase ist. Sie lassen ihren Spieß fallen, fliehen und ertrinken in einem Bach.

Ha, so bled isch doch koi Mensch, ond reachte Schwoba glei gar net!

Wer sich diese Geschichte ausgedacht hat, weiß heute niemand mehr, jedenfalls hat sie das Bild der Ausländer vom Schwaben geändert. Galten sie jahrhundertelang als tapfer, kampfbereit und gewitzt, wurden sie nun mehr und mehr zu deutschen Nationaldeppen. Dazu hat auch der Dialekt beigetragen, wie Thaddäus Troll treffend anmerkte: »Für Nichtschwaben klingt unser Dialekt gemütlich, ulkig, maulfaul, lustig, derb, komisch und langsam. Der Ausländer ist nur zu leicht geneigt, die Eigenschaften der Sprache auf deren Sprecher zu übertragen. Auf diese Weise ist der Schwabe zum deutschen Dorftrottel geworden.«

Ausländer erzählen die Geschichte von den sieben Schwaben natürlich gern. Worom? Ha, des isch doch klar: aus Neid, weil mir eba älles kennet (bloß net hochdeitsch).

So haben auch die Brüder Grimm diese Geschichte 1819 in ihre Sammlung der Kinder- und Hausmärchen aufgenommen. Einerseits war das gut so, denn dadurch wurde deutlich, dass es sich um ein Märchen handelt. Und Märchen sind eben Märchen.

Wenn jemand sagt: »Der erzählt ja Märchen«, will er damit ausdrücken, es handle sich um Geschichten, die frei erfunden sind oder gar um Lügengeschichten, die man nicht glauben soll.

»So isch!«, kann man da nur sagen, wenn es um die »Sieben Schwaben« geht.

Andererseits gehören Grimms Märchen seit jeher zu den meistgelesenen Büchern in Deutschland, sodass die Geschichte von den einfältigen, tölpelhaften und ängstlichen Schwaben immer weiter verbreitet wurde.

Da wir jetzt wissen, dass es sich um ein Märchen handelt, fällt es nicht mehr ganz so schwer, von diesen Schwaben zu erzählen.

Also, bei den Grimms sind es nicht mehr neun, sondern sieben Schwaben. Und jeder hat einen Namen: »Der erste war der Herr Schulz, der zweite der Jackli, der dritte der Marli, der vierte der Jergli, der fünfte der Michal, der sechste der Hans, der siebente der Veitli.« Sie wollen miteinander durch die Welt ziehen, um »Abenteuer zu suchen und große Taten zu vollbringen«.

Warum sie das tun wollen, wird nicht erzählt. Und da müsste der kundige Leser doch gleich stutzen: Schwaben sind sehr heimatverbunden und ziehen nicht einfach so mir nix, dir nix in die Welt hinaus. Wenn sie ihre Heimat verlassen, dann muss es dafür triftige Gründe geben. Doch das kümmert die ausländischen Erzähler nicht.

Aber weiter: Bei den Grimms erschrecken die sieben Schwaben am Brummen einer Hornisse so, dass sie Reißaus nehmen.

Dann treffen sie – wie bei Hans Sachs – auf einen Hasen. Der schläft »mit den Ohren in der Höhe, und hatte die großen gläsernen Augen starr aufstehen. Da erschraken sie bei dem Anblick des grausamen und wilden Tieres.«

Sie trauen sich nicht zu fliehen, weil das Ungeheuer ihnen nachsetzen und sie »mit Haut und Haar« verschlingen könnte. Also beschließen sie, »einen großen und gefährlichen Kampf zu bestehen«. Laut schreiend stürmen sie auf den vermeintlichen Drachen los. Der Hase erwacht und läuft davon. Da ruft der Herr Schulz voller Freude: »Potz, Veitli, lueg, lueg, was isch das? Das Ungehüer ischt a Has.«

Schwätzt so a Schwob? Noi, gar nia! Des isch doch alemannisch!

Auch das sollte dem kundigen Leser zu denken geben.

Die Männer ziehen weiter und wollen über die Mosel. Dort rufen sie einem Mann am gegenüberliegenden Ufer zu, wie sie hinüberkommen könnten. Der versteht sie wegen der Entfernung und ihrer Sprache nicht und fragt in seinem Dialekt: »Wat? Wat!« Der Herr Schulz meint, er solle durchs Wasser waten, geht voran und versinkt. Die anderen sechs hören einen Frosch quaken und halten das für Rufe ihres Kameraden. Also folgen sie ihm und ertrinken ebenfalls – »also dass ein Frosch ihrer sechs ums Leben brachte, und niemand von dem Schwabenbund wieder nach Hause kam«.

Na ja, wa soll ma jetz dozua saga?

Auch ein Schwabe – allerdings ein bayerischer aus Türkheim im Unterallgäu – bearbeitete die Geschichte neu und machte sie noch populärer: Ludwig Aurbacher. Das beweist, dass wir Schwaben mehr Humor haben, als die Ausländer uns zuschreiben, und auch über uns selbst lachen können – was sonscht net jeder ka.

Aurbacher gibt den sieben Schwaben wieder andere Namen und verortet sie in verschiedenen Regionen. Der Seehas lebt in Überlingen und ist damit genauso ein Badener wie der Nestelschwab, den er in einem Dorf bei Freiburg trifft. Keiner ist dagegen der Gelbfüßler, obwohl die Badener von den Schwaben zum Necken oft so genannt werden. Er stammt von Bopfingen auf der Ostalb und ist der einzige Schwabe aus dem Ländle. Den Knöpfleschwab treffen sie im Ries bei Nördlingen, den Blitzschwab bei Augsburg, den Spiegelschwab in Memmingen. Als letzter stößt der Allgäuer noch zu ihnen, und bei ihm sagt schon der Name alles über die Herkunft.

Auch bei Aurbacher geht es um den Kampf gegen ein »Ungeheur«, das in Wirklichkeit ein Hase ist. Bis die sieben Schwaben (die mehrheitlich gar keine sind) es nicht erlegen, lässt der Autor sie ähnlich einfältig handeln wie die anderen Erzähler.

Trotzdem ärgern sich die Schwaben schon lange nicht mehr über die Geschichten. Wirtshäuser, Wanderhütten, Apotheken und ein Amateur-Theater sind nach den »Sieben Schwaben« benannt; Preise werden in ihrem Namen vergeben und sogar Denkmäler wurden errichtet – nicht nur in der Heimat, nein, eines steht sogar am Fehrbelliner Platz im fernen Berlin.

Bei Aurbacher heißt es zum Schluss: »E bissele dumm ischt am End jeder, aber so dumm, wie mancher ischt doch keiner.«

»Hä?«, mag jetzt mancher fragen und über den Satz nachdenken. Und das ist auch gut so.

M. Tomicek
BADEN
SCHWABEN

Narri! Narro!

In unserem Bindestrichland hat auch die Fastnacht einen Bindestrich und heißt »schwäbisch-alemannische Fasnet«. Dabei ist die Fasnet hierzulande viel, viel älter als die Bindestriche – aber nicht so alt, wie heute noch manchmal behauptet wird. Denn die Fastnacht war kein vorchristliches, heidnisches Fest, bei dem schon die alten Germanen mit wilden Gestalten und lärmendem Treiben den Winter verscheuchen und den nahenden Frühling feiern wollten. Auch wenn es bei vielen Veranstaltungen nicht immer so aussieht, die Fastnacht ist ein christliches Fest.

»Ha noi!«, wird jetzt mancher überrascht rufen.

»Ha doch!«, ist dem entgegenzuhalten.

Weil »Fastnacht« nicht nur für schwäbisch-alemannische Zungen schwer auszusprechen ist, haben die etwas maulfaulen Leute im Südwesten daraus im Lauf der Zeit die bequemer auszusprechende »Fasnet« gemacht. In dem Wort »Fastnacht« stecken ja »Fasten« und »Nacht«. Es meint also die Nacht vor dem Fasten.

»Em Ernscht?«

Ja, im Ernst. Also ganz langsam von vorne: Im Mittelalter führte die katholische Kirche zur Erinnerung an die 40-tägige Fastenzeit von Jesus in der Wüste eine ebenso lang dauernde Fastenzeit für alle Gläubigen ein. Dadurch sollten sie sich bewusster auf das Osterfest vorbereiten können. Die Fastnacht ist also untrennbar mit Ostern verbunden.

»Halt, halt! Do ka ebbes net schtemma!«, werden ein paar Gscheidle jetzt bestimmt einwerfen. »Vom Aschermittwoch bis Oschtra send's net 40, sondern 46 Däg.«

Richtig! Im Jahr 1091 entschieden der Papst und seine Kardinäle nämlich, die Sonntage als Gedächtnistage der Auferstehung Jesu vom Fastengebot auszunehmen. Weil trotzdem 40 Tage gefastet werden sollte, rückte der Beginn um sechs Tage nach vorne auf den Aschermittwoch. Und diese sechs »tollen Tage« sind gemeint, wenn von Fastnacht, Fasnacht, Fasnet, Fasching oder Karneval die Rede ist; denn alle Begriffe besagen letztlich das Gleiche.

Damals war es streng verboten, während der Fastenzeit Fleisch und tierische Produkte wie Eier, Butter, Käse, Milch, Fett und Schmalz zu essen. Im übertragenen Sinn war es ebenso verboten, den Verlockungen »der fleischlichen Lust« nachzugeben, man musste also sexuell enthaltsam leben. Und natürlich durfte kein Alkohol getrunken werden.

Bei so viel Verzicht vor Augen, ist es nicht verwunderlich, dass die Leute es an Fastnacht noch mal so richtig krachen ließen. Was die Speisen betrifft, mussten sie das sogar tun, weil sie noch keine Kühlmöglichkeiten hatten wie wir. Damit die Vorräte nicht verdarben, wurden sie in üppigen, teilweise öffentlichen Festmahlen verzehrt.

Damals entstanden auch die leckeren Fasnetsküchle. Für sie verbrauchte man die reichlich vorhandenen Eier. Am Donnerstag vor Aschermittwoch wurden sie in Schmalz gebacken. Weil Schwaben alles, was schmalzig, fettig oder ölig ist, als »schmotzig« bezeichnen, wurde dieser Tag der »schmotzige Donschteg«. Mit ihm begann die eigentliche Fasnet. Und seit jeher ging es während der »tollen Tage« auch »die fleischliche Lust« betreffend nicht prüde zu.

Die Kirche hatte die Fastnacht zwar eingeführt, aber was viele Leute trieben, passte den geistlichen Herren ganz und gar nicht. Auch dass sich immer mehr verkleideten und Schabernack trieben, missfiel ihnen. Im 15. Jahrhundert verurteilte die Kirche das Fastnachtstreiben als eine gottlose, vom Teufel regierte verkehrte Welt und forderte die Gläubigen auf, sich davon ab- und Gott zuzuwenden. Doch damit bewirkte sie bei vielen genau das Gegenteil: Nun schlüpften immer mehr Menschen in Kostüme und gingen, sprangen, juckten als Teufel, Narren und andere wilde Wesen durch die Straßen. Vor allem der Narr, der den Mächtigen und Reichen ihre Fehler, Schwächen und Laster vorhielt, wurde zu einer zentralen Figur der Fastnacht und ist es bis heute.

Das alles verlief ähnlich, egal ob es sich um Fasnet, Fasching oder Karneval handelte. Erst gegen Ende des 19. Jahrhunderts gab es im Südwesten einen Sonderweg. Hier ärgerten sich viele Leute, dass die Fasnet immer mehr vom wohlhabenden Bürgertum beherrscht wurde. Statt wie früher auf den Straßen und in Wirtshäusern feierte man in aufwendigen, geordneten Umzügen, auf Bällen und Prunksitzungen, von denen das einfache Volk weitgehend ausgeschlossen wurde. Da besannen sich vor allem Handwerker auf die alten Bräuche und Figuren, holten noch vorhandene Narrenkleider und Masken hervor und gestalteten die Fasnet wie ihre Ahnen. Nach und nach entstanden in Städten und Gemeinden Narrenzünfte, teils wiederbelebte, teils neu gegründete. Bis ins 20. Jahrhundert feierte jede Zunft für sich und auf ihre Weise. Um ihre Interessen besser vertreten zu können, gründeten 13 Zünfte im Jahr 1924 die »Vereinigung Schwäbisch-Alemannischer Narrenzünfte«. Heute gibt es im deutschen Südwesten etwa 1.700 davon. Mehr als 1.000 wurden allein in den vergangenen 25 Jahren gegründet. Die Fasnet boomt also, auch in Gegenden, in denen es keine entsprechenden Traditionen gibt. Bei so vielen Zünften ist die Zahl der Fasnetsfiguren und -bräuche inzwischen unüberschaubar groß. Aber ein paar Dinge haben alle gemeinsam:

Kaum ist die Fasnet am Dienstagabend in Form eine Strohpuppe verbrannt, ertönt überall der Ruf: »'s goht dagega!« Doch bis zur nächsten Saison verstauen auch die verrücktesten Narren ihre Masken und die Kleidung, die sie »Häs« nennen, erst mal sicher im Schrank. Denn die aufwendig von Hand angefertigten Narrenkleider und die handgeschnitzten Masken sind sehr wertvoll und müssen deswegen gut behütet werden. Die neue Saison beginnt dann an Dreikönig mit dem Abstauben von »Häs«, Masken und was die Narren an den jeweiligen Orten sonst noch für Utensilien mit sich tragen. Von da an »goht's scharf dagega«, bald stehen überall Veranstaltungen und Umzüge auf dem Programm. Erster Höhepunkt in der sogenannten »fünften Jahreszeit« ist der »schmotzige Donschteg«, an dem die Hästräger in vielen Orten das Regiment übernehmen und die Schüler befreien. Von nun an dominieren die Narren das Leben im Ländle, besonders in den Fasnetshochburgen. Vor lauter Veranstaltungen und »Narrensprüngen« – so werden die Umzüge bezeichnet – geraten sowohl manche Narren wie auch das schaulustige Publikum in gehörigen Stress. Viele »möchtet 's Bett an sieba Zipfel heba« und übernehmen sich dabei. Das müssen sie dann am Aschermittwoch büßen – in Form eines Brummschädels und eines leeren Geldbeutels, den sie unter lautem Wehklagen auswaschen. Damit ist die Fasnet wieder einmal überstanden, aber die nächste kommt bestimmt, denn »'s goht schao wieder dagega«.

Hannes und der Bürgermeister

»Ich höre mich nicht ›Nein‹ sagen.« Diesen Satz kennt zwar nicht jedes Kind im Land, aber erwachsene Schwaben haben ihn bestimmt schon gehört und bei passender Gelegenheit vielleicht sogar eingesetzt. Erfunden hat ihn Albin Braig für den Amtsboten Hannes, den er selbst spielt. Mit diesem Satz antwortet der sonst schwäbelnde Hannes in lupenreinem Hochdeutsch immer auf die Frage seines Chefs, ob er a Schnäpsle wolle. Der Bürgermeister wird von Karlheinz Hartmann gespielt.

Begonnen haben sie damit 1985 in der »Komede-Scheuer Mäulesmühle« in Leinfelden-Echterdingen. Dass die beiden Figuren mit ihren Sketchen 35 Jahre später zur schwäbischen Alltagskultur gehören, haben sie damals nicht ahnen können. Vor allem seit sie von einem Redakteur des damaligen Süddeutschen Rundfunks vor 25 Jahren fürs Fernsehen entdeckt wurden, nahm ihre Popularität stetig zu. Anfangs waren sie nur sporadisch zu sehen, doch bald wurden sie mit einer eigenen Sendereihe regelmäßig zu gern gesehenen Besuchern in Millionen schwäbischen Wohnstuben.

Wer nach einer Fernsehsendung noch nicht genug hat, versucht, Albin Braig und Karlheinz Hartmann live zu erleben, wenn sie mit ihrem Programm im Ländle unterwegs sind. Dafür muss man allerdings ganz schön auf Zack sein, weil die Auftritte sehr schnell und schon Monate im Voraus ausverkauft sind.

»Über diesen Erfolg kann man sich schon wundern. Es ist ja immer das Gleiche«, sagte Albin Braig einmal augenzwinkernd.

So isch.

Vermutlich ist genau das einer der Gründe für den Erfolg. Außerhalb und innerhalb des Schwabenlandes hat sich in den vergangenen 35 Jahren viel verändert, aber im Amtszimmer des Bürgermeisters scheint die Zeit stehen geblieben zu sein. Alles ist noch wie anno dazumal. Auf dem massiven Schreibtisch stehen ein rotes Telefon mit Wählscheibe, eine unförmige schwarze Lampe und ein Stempelhalter voller Stempel. Auch die sonstigen Kulissen und die Kostüme sind identisch. Selbst der Hannes wirkt mit seinem spitzbübischen Lächeln immer noch wie ein Lausbub, dem man kaum glaubt, dass er inzwischen das Rentenalter erreicht hat.

Natürlich ist auch dem letzten Zuschauer im hintersten Winkel Schwabens klar, dass es in keinem Amtszimmer so aussieht und zugeht wie bei »Hannes und der Bürgermeister«. Aber das Immergleiche, die bekannten Rituale, schaffen Vertrauen. Egal was draußen passiert, »und wenn die Welt in Scherben fällt«, sobald sich der Vorhang hebt und der Bürgermeister hinter seinem Schreibtisch erscheint, ist alles wie immer. Die Zuschauer wissen ganz genau, was er gleich rufen wird, nachdem er no a bissle an seinem Jackett und seiner Krawatte romzupft hot: »Dr Hannes soll reikomma!«

Auch wem er das durch die geschlossene Tür zuruft, wissen die Zuschauer, obwohl sie die Angerufene noch nie gesehen haben: seiner Vorzimmerdame Frau Kurrle. Sie ist ebenso wenig sichtbar vorhanden wie alle anderen Mitarbeiter des Rathauses. Sie alle existieren nur in den Gesprächen des Bürgermeisters mit Hannes. Der taucht nach dem Ruf meist umgehend auf. Dann beginnt das Spiel. Dem sind thematisch keine Grenzen gesetzt. Die aktuelle Weltlage und die allgegenwärtige »Klobanalisierung« werden genauso besprochen wie die Vorbereitungen für den Besuch des Ministerpräsidenten, die Planung eines Neubaugebiets, der anstehende Betriebsausflug, die nächtlichen Streiche, die Hannes dem Pfarrer spielt, und der Volkshochschulkurs »Rollenspiele«, den er besucht. Nichts ist vor den beiden sicher.

Dabei bildet sich der cholerische Bürgermeister ein, gebildet zu sein und alles im Griff zu haben. Auf der anderen Seite des Schreibtisches sitzt der Amtsbote, der schon wegen des dämlichen Hütchens auf dem Kopf aussieht, als sei er ned ganz bacha. Und wenn er anfängt zu schwätza, wirkt er vordergründig ziemlich unterbelichtet. Dazu trägt auch sein Mienenspiel bei, das so grandios ist, dass er häufig schon dafür Szenenapplaus bekommt. Oft spricht er Worte falsch aus und kennt ihre Bedeutung nicht. Dann verbessert und belehrt ihn der Bürgermeister.

Aber der Schein trügt. In dem klassischen Herr-Knecht-Verhältnis zieht der eingebildete, sich groß aufspielende und nach Geltung strebende Bürgermeister gegen den bauernschlauen, schlitzohrigen Amtsboten in der Regel den Kürzeren. Der scheinbar tollpatschige Hannes stößt seinen Chef immer wieder vom Sockel, auf den der sich gern selbst stellt. So zum Beispiel, wenn er erzählt, »dr Herr Bürgermeischter war geschtern Obed wieder so bsoffa, dass r em Ochsa vom Schtuahl gfalla ischt.« Weil dr Hannes a guater Kerle und ein loyaler Mitarbeiter ist, hat er seinen Chef em Schubkarra hoim gfahra und dort der Frau Bürgermeisterin übergeben – die wenig erfreut vom Zustand ihres Gatten war.

Auch wenn ein Fehlverhalten des Amtsboten der Grund für den Ruf »Dr Hannes soll reikomma!« ist, am Ende verlässt Hannes das Amtszimmer als Sieger – und hat dabei stets die Lacher und Sympathien auf seiner Seite.

Hannes verkörpert den kleinen Mann so gekonnt, dass sich die Zuschauer mit ihm identifizieren; gerade weil er nicht kuscht, sondern der Obrigkeit in der Person des Bürgermeisters die Stirn bietet und sie austrickst. Wer tut oder täte das nicht auch gern?

Doch so unterschiedlich die beiden sind, ihre manchmal heftig ausgetragenen Meinungsverschiedenheiten führen nie zum endgültigen Bruch. Zuvor öffnet der Bürgermeister – mal von sich aus, mal von Hannes dazu aufgefordert – das rechte Türchen seines Schreibtisches und holt eine Flasche Schnaps samt zwei Gläsern heraus.

»I glaub, mir brauchet jetz a Schnäpsle.«

»Ich höre mich nicht ›Nein‹ sagen«, stimmt Hannes schon die Lippen leckend zu.

Meistens bleibt es nicht bei einem Schnäpsle. Und wenn man nicht wüsste, dass in der Flasche Wasser ist, müsste man sich bei den vielen Auftritten um die Gesundheit von Albin Braig und Karlheinz Hartmann Sorgen machen.

Ob angeheitert oder nicht, einig sind sich die beiden Schauspieler sowohl in ihren Rollen als auch privat: Nur als Schwabe ist das Leben wirklich lebenswert. Und zum Schwaben gehört eben die Mundart. »Der Dialekt gibt uns die Möglichkeit, mit Sprache zu spielen. Auf Hochdeutsch würde das nicht so funktionieren«, sagt Albin Braig. Drom schwätzed se au schwäbisch – aber so, dass es jeder verstehen kann, sogar de Reigschmeckta, wenn se sich a bissle aschtrengad.

Auf die Frage, was das Geheimnis des Erfolgs von »Hannes und der Bürgermeister« ist, antworten Braig und Hartmann stets ungefähr so: Wir wissen es nicht – und wenn wir es wüssten, würden wir es nicht verraten. »Mir send jo net bled!«

Was für ein Glück

In Deutschland leben viele Menschen,
die können nicht alle Schwaben sein.
Selbst wenn sie es gerne wären,
für alle ist das Schwabenland zu klein.

Deswegen machen sie hier Ferien
und fahren dann erholt zurück.
Wir Schwaben dürfen immer bleiben,
wir haben's gut, was für ein Glück!

Mir send Schwoba, des hört ma sofort,
ganged schbarsam om mit Geld ond Wort,
was ma hergibt isch halt weg.
Koi Schwob zu sei, isch ned schlemm,
doch i ben froh, dass mir Schwoba send.
D' Welt wär ärmer, wenn's ons ned gäb.

Unsere Nachbarn im Osten, Westen, Norden
geben es zwar niemals offen zu:
Sie schauen neidvoll zu uns in den Süden,
dass wir so viel können, lässt ihnen keine Ruh.

Mir send Schwoba, des hört ma sofort,
ganged schbarsam om mit Geld ond Wort,
was ma hergibt isch halt weg.
Koi Schwob zu sei, isch ned schlemm,
doch i ben froh, dass mir Schwoba send.
D' Welt wär ärmer, wenn's ons ned gäb.

Was wir schon mit der Muttermilch bekommen,
macht uns einmalig auf der ganzen Welt.
Wer als Schwabe nicht geboren wird,
kann es niemals werden, auch nicht für viel Geld.

Und wenn jemand sagt:
»Stark, wie ihr von euch sprecht.
Ihr haltet euch für toll.«
Da geben wir ihm gerne recht.
Und wenn jemand sagt:
»Stark, wie ihr von euch sprecht.
Ihr haltet euch für toll.«
Da geben wir ihm gerne recht,
geben wir ihm gerne recht,
geben wir ihm gerne recht.

Mir send Schwoba, des hört ma sofort,
ganged schbarsam om mit Geld ond Wort,
was ma hergibt isch halt weg.
Koi Schwob zu sei, isch ned schlemm,
doch i ben froh, dass mir Schwoba send.
D' Welt wär ärmer, wenn's ons ned gäb.

Quellenverzeichnis

Jörg Baldenhofer: Schwäbische Tüftler und Erfinder. DRW Verlag, Stuttgart 1986.
Hermann Bausinger: Eine Schwäbische Literaturgeschichte. Klöpfer & Meyer, Tübingen 2016.
Udo Bayer: It Can Be Done – Carl Laemmles Eintritt in das Filmgeschäft vor 100 Jahren. In: BC-Heimatkundliche Blätter für den Kreis Biberach, 29. Jahrgang, Heft 2, 21. November 2006.
Ralf Bendix: SCHAFFE, SCHAFFE, HÄUSLE BAUE. Musik & Text: Josua Röckelein, © 1964 by PRESTO Musikverlag Hans Gerig KG, Bergisch Gladbach.
BR.de: Wissen im Bayerischen Rundfunk: Erfinder Artur Fischer Spieltrieb und Entdeckerfreude bis zuletzt. https://www.br.de/themen/wissen/artur-fischer-duebel-108.html, letzter Abruf am 26.01.2017.
Burg-Hohenzollern.com: Geschichte der Burg. Vergangenheit & Zukunft. www.burg hohenzollern.com/geschichte-der-burg.html, letzter Abruf am 15.05.2019.
Peter Gendolla: Die Erschaffung des Tempos. In: NZZ Folio 11/99.
Justinus Kerner: Preisend mit viel schönen Reden. In: Morgenblatt für gebildete Stände, 25. Mai 1818.
Diethard H. Klein (Hg.): Schwäbische Frauenbilder. Stieglitz-Verlag, Mühlacker 1986.
Hans Mayer (Hg.): Georg Elser. Sprengstoffanschlag im Bürgerbräukeller in München am 8.11.1939. Vernehmung des Täters. Faksimile der Gestapo-Verhörprotokolle. Liliom, Waging am See 2009.
Angela Merkel auf dem der 22. Parteitag der CDU in Stuttgart am 1. und 2. Dezember 2008.
Eduard Mörike: Das Stuttgarter Hutzelmännlein. J. F. Steinkopf Verlag, Stuttgart 1979.
Johann Christoph Friedrich Schiller: Sämtliche Werke, Band V. Carl Hanser Verlag, München 1993.
Ulrich Frank-Planitz (Hg.): Manfred Rommels gesammelte Gedichte. Engelhorn Verlag, Stuttgart 1993.
Stuttgarter-Zeitung.de: Wie das Erbe von Bli im Hirsch landete. https://www.stuttgarter-zeitung.de/inhalt.oskar-beck-kolumne-wie-das-erbe-von-bli-im-hirsch-landete.ca810bd6-883b-4843-8940-940103eaf8ff.html, letzter Abruf am 15.05.2019.
Thaddäus Troll: Deutschland deine Schwaben. Hoffmann und Campe Verlag, Hamburg 1967.
Wikipedia.de: Schwaben. https://de.wikipedia.org/wiki/Schwaben, letzter Abruf am 10.7.2018.

© Michael Setz

© Tomicek

Manfred Mai wurde 1949 in Winterlingen, einem Dorf auf der Schwäbischen Alb, geboren. Er studierte Pädagogik und unterrichtete an verschiedenen Realschulen. Nebenher schrieb er Geschichten und Gedichte und veröffentlichte seine ersten Bücher. Obwohl er gern Lehrer war, wurde das Schreiben für ihn immer wichtiger, so wichtig, dass er nach acht Jahren den Lehrerberuf aufgab und Schriftsteller wurde. Er wollte erzählen, von dem, was ihn beschäftigte, was in ihm rumorte. So entstanden viele Geschichten über das Leben früher und heute.

Inzwischen sind rund 150 Bücher erschienen, die zum Teil in 27 Sprachen übersetzt wurden. Und noch immer hat Manfred Mai nicht alle Geschichten erzählt, die in ihm schlummern.

Martin Lenz wurde 1971 in Winnenden bei Stuttgart geboren. Schon als Schüler bekam er seine erste Gitarre und machte Musik. Während und nach seiner Mechanikerlehre besuchte er sieben Jahre lang eine private Gesangsschule und lernte auch professionell Gitarre spielen. Seither tritt Martin Lenz regelmäßig mit seiner Band auf.

2008 begann die Zusammenarbeit mit dem Schriftsteller Manfred Mai; ein Jahr später legten sie ihre erste CD vor. Es folgten Lesekonzerte für Erwachsene, später auch »Musikalischen Lesungen« für Kinder und mehrere Bücher.

Mirco Tomicek, 1992 in Werl-Westönnen geboren, arbeitet als Grafiker und Webentwickler im Atelier Tomicek. Neben dem klassischen Zeichnen mit Zeichenfeder und Tusche gehört das digitale Zeichnen auf dem Grafiktablett zu seinem Handwerk. Mit seiner Leidenschaft für das Illustrieren und Karikieren erstellte Tomicek Merchandise-Artikel für einen großen Bundesligaverein und illustriert regelmäßig Cartoons und Titelseiten für zahlreiche Zeitschriften und Magazine.

www.mt-illustration.de